# FIGURES of SPEECH

# FIGURES of SPEECH

## Poems by Enrique Lihn

translated by Dave Oliphant

HOST PUBLICATIONS, INC.
AUSTIN, TEXAS

Copyright © Host Publications, Inc. 1999

All rights reserved. Printed in the United States of America. No part of this book may be used or reproduced in any manner whatsoever without the permission of the publisher except in the case of brief quotations embodied in reviews. For more information address Host Publications, Inc., 2717 Wooldridge, Austin, Texas, 78703.

Layout and design: Joe W. Bratcher III

Cover photograph © Layle Silbert, 1999

ISBN: 0-924047-17-8

# CONTENTS

Introduction     i

## NOTICIAS DE BABILONIA
## NEWS FROM BABYLON

| | |
|---|---|
| Retrato | 2 |
| Portrait | 3 |
| | |
| Bella época | 4 |
| Belle Epoque | 5 |
| | |
| Noticias de Babilonia | 12 |
| News From Babylon | 13 |

## FIGURAS DE PALABRAS
## FIGURES OF SPEECH

| | |
|---|---|
| Mester de juglaría | 22 |
| Art of Minstrelsy | 23 |
| | |
| A Roque Dalton | 30 |
| To Roque Dalton | 31 |
| | |
| Figuras de palabras | 32 |
| Figures of Speech | 33 |
| | |
| Si se ha de escribir correctamente poesía | 34 |
| If Poetry Is To Be Written Right | 35 |
| | |
| Época del dato | 38 |
| Age of Data | 39 |

| | |
|---|---|
| Literatura | 40 |
| Literature | 41 |
| | |
| Por fuerza mayor | 44 |
| By an Uncontrollable Force | 45 |
| | |
| Un mundo de personas que yo ignoro | 46 |
| A World of Persons That I Do Not Know | 47 |
| | |
| Yo le dije al autor de estos sonetos | 48 |
| To the Author of These Sonnets I Said | 49 |
| | |
| Los aparentes días de verano | 50 |
| Summer's Apparent Days | 51 |
| | |
| Mausoleo | 52 |
| Mausoleum | 53 |
| | |
| Que sería de mí sin mis palabras | 54 |
| What Would I Be Without My Words | 55 |
| | |
| Sueño y variaciones | 56 |
| Dream and Variations | 57 |
| | |
| El muro de los lamentos | 58 |
| The Wailing Wall | 59 |

## EL ARTE Y LA VIDA
## ART AND LIFE

| | |
|---|---|
| El arte y la vida | 64 |
| Art and Life | 65 |
| | |
| El amanecer 1809 | 66 |
| Dawn 1809 | 67 |
| | |
| J.M.W. Turner (1775-1851) | 68 |
| J.M.W. Turner (1775-1851) | 69 |

| | |
|---|---|
| Olana | 70 |
| Olana | 71 |
| | |
| Kandinsky 1904 | 78 |
| Kandinsky 1904 | 79 |
| | |
| Woman Bathing in a Shallow Tub | 80 |
| Woman Bathing in a Shallow Tub | 81 |
| | |
| Monet's Years at Giverny | 82 |
| Monet's Years at Giverny | 83 |
| | |
| Villa Cáncer | 86 |
| Cancer Villa | 87 |
| | |
| Para Adriana | 88 |
| For Adriana | 89 |

## MONSTRUO DE BROOKLYN
## BROOKLYN MONSTER

| | |
|---|---|
| Europeos | 94 |
| Europeans | 95 |
| | |
| Para Rigas Kappatos | 100 |
| For Rigas Kappatos | 101 |
| | |
| Monstruo de Brooklyn | 106 |
| Brooklyn Monster | 107 |
| | |
| El Hudson en el camino de Poughkeepsie | 108 |
| The Hudson on the Way to Poughkeepsie | 109 |
| | |
| Tulipanes de Toronto | 110 |
| The Tulips of Toronto | 111 |
| | |
| La risa abunda en boca de los jóvenes | 112 |
| Laughter Abounds in the Mouths of Youths | 113 |

| | |
|---|---:|
| 1985 La despedida 2 | 114 |
| 1985 Farewell 2 | 115 |
| | |
| Una canción para Texas | 120 |
| A Song for Texas | 121 |
| | |
| Voy por las calles de un Madrid secreto | 122 |
| I Pass Through the Streets of a Secret Madrid | 123 |
| | |
| Cocina gallega | 124 |
| Galician Kitchen | 125 |
| | |
| Del hombre y del granito | 126 |
| Of Man and Granite | 127 |
| | |
| Carballo | 128 |
| Oak | 129 |
| | |
| Café Derby | 130 |
| The Derby Cafe | 131 |

## LAS SIRENAS
## THE SIRENS

| | |
|---|---:|
| Yo el libro | 134 |
| I the Book | 135 |
| | |
| Larga distancia | 136 |
| Long Distance | 137 |
| | |
| Rueda de la fortuna | 138 |
| Wheel of Fortune | 139 |
| | |
| Contraguerrilla | 140 |
| Counterguerrilla | 141 |
| | |
| Eco de otra sonata | 142 |
| Echo of Another Sonata | 143 |

| | |
|---|---|
| Conveniencias del otoño | 144 |
| Advantages of Autumn | 145 |
| | |
| Las sirenas | 146 |
| The Sirens | 147 |

## LOS QUE VAN A MORIR
## THOSE WHO ARE GOING TO DIE

| | |
|---|---|
| Kafka | 150 |
| Kafka | 151 |
| | |
| Nada tiene que ver el dolor con el dolor | 152 |
| Pain Has Nothing To Do With Pain | 153 |
| | |
| Limitaciones del lenguaje | 158 |
| The Limitations of Language | 159 |
| | |
| Contra los pensamientos negros | 160 |
| Against Black Thoughts | 161 |
| | |
| La muerte en la ópera | 162 |
| Death in the Opera | 163 |
| | |
| El aprendiz del arte de morir | 164 |
| Apprentice to the Art of Dying | 165 |
| | |
| La ciudad del Yo | 168 |
| The City of the I | 169 |
| | |
| La muerte es un buen amigo común | 170 |
| Death Is a Good Friend We Share in Common | 171 |
| | |
| Quién de todos en mí es el que tanto | 172 |
| Who of All Those in Me Is the One | 173 |
| | |
| Buen despilfarrador | 174 |
| The Good Spendthrift | 175 |

| | |
|---|---|
| La mano artificial | 176 |
| The Artificial Hand | 177 |
| Autocine | 178 |
| Self-Made Cinema | 179 |
| Los que van a morir | 180 |
| Those Who Are Going to Die | 181 |
| Nadie escribe desde el más allá | 182 |
| Nobody Writes From the Other Side | 183 |
| Qué otra cosa se puede decir de la muerte | 184 |
| What Else Can Be Said of Death | 185 |
| Animita de éxito | 186 |
| Charmed Roadside Memorial | 187 |

# INTRODUCTION

While living in Chile in 1966, I came across the poetry of Enrique Lihn through a poem of his published that year in *Orfeo*, a monthly poetry magazine produced in the capital of Santiago. A double issue of *Orfeo*, numbers 21-22, appeared with an impressive line-up of poets, including Gabriela Mistral, Chile's first winner of the Nobel Prize (1945), who was represented posthumously by an unpublished poem (the second Chilean Nobel Prize winner was Pablo Neruda in 1972); Allen Ginsberg and Jean Cocteau in translation; Roberto Juarróz of Argentina; Roque Dalton of El Salvador; Juan Liscano of Venezuela; and Pablo Antonio Cuadra of Nicaragua. Two other Chilean poets were also included: Delia Domínguez and Rosamel del Valle; the latter having died the year before, her work was therefore featured in the double issue. But it was Lihn's poem, "Nieve" ("Snow"), to which I was especially attracted. Since I was then putting together a magazine in English, entitled *Tide*, to be published by the Instituto Chileno-norteamericano and the Catholic University of Chile, I asked María Angélica Casar, one of my students at the University, to translate Lihn's poem for inclusion in the second issue of that joint publication. "Nieve," as I later learned, was the first poem in the Chilean's book manuscript that had just won for him the prestigious poetry award of the Casa de las Américas and would be published in 1966 as *Poesía de paso* (*Occasional Poetry*). Although "Nieve" does not form part of the present collection, another piece, "Belle Epoque," is typical of that volume and is accompanied here by two other early poems written prior to 1970. "Portrait" and "News From Babylon," which together with "Belle Epoque" provide background and insight into Lihn's religious upbringing, trace the childhood sources of his awakening to sexuality and literature, and hint at an overriding theme in his writing: the role of poetry, which

*Introduction*

the poet himself questions even as he is moved to its creation "By an Uncontrollable Force."

Best known for the title poem of his 1963 collection, *La pieza oscura* (*The Dark Room*), Enrique Lihn was well served in 1969 by *This Endless Malice* (Lillabulero Press) and in 1978 by *The Dark Room and Other Poems* (New Directions), two collections of his poetry translated into English first by William Witherup and Serge Echeverría and later by Jonathan Cohen, John Felstiner, and David Unger. Both of those earlier volumes emphasized work from *La pieza oscura* and *Poesía de paso*, although the New Directions book also included representative poems from Lihn's *La musiquilla de las pobres esferas* (*A Bit of Music from the Lower Spheres*, 1969), *Album de toda especie de poemas* (*Album of All Kinds of Poems*, 1972), *La Estación de los Desamparados* (*The Station of the Helpless Ones*, 1973), and *París, situación irregular* (*Paris, Irregular Situation*, 1977). The first collection of Enrique Lihn's poetry to appear in English in over 20 years, *Figures of Speech* offers the largest selection to date of the Chilean's work, concentrating on the period after the New Directions volume and up to the poet's death in 1988 at age 59.

Divided into six sections, *Figures of Speech* opens with "Portrait," a piece discovered posthumously in an unpublished manuscript dated 1952 and printed for the first time in July of 1998. Referred to in *El Mercurio*, where "Portrait" originally appeared, as an "exact self-definition of the poet," this early portrait does indeed identify a number of the poet's principal characteristics. He was certainly a poet "from head to toe," for he devoted his life to the writing of poetry, even though he also managed along the way to produce short stories, novels, essays, reviews, and one-man dramatic shows, as well as drawings and sketches (for example, of Athulinis, the cat in his poem "For Rigas Kappatos"). Among his numerous volumes of poetry there is a wide variety of styles, which is represented here by a set of five sonnets (out of the many included in his various collections, such as *Por fuerza mayor* [*By an Uncontrollable Force*, 1975] and *París, situación irregular*); by his long-lined, discursive pieces; by his shorter, more tightly unified poems; and by the final poignant group of works forming his deathbed *Diario de muerte* (*Death Diary*, 1989). As "Portrait" indicates, Lihn could be psychologically incisive in his clinical analysis of himself, yet always with an ironic touch that lends his observations a somewhat comic objectivity. This is true as well of his treatment in "Belle Epoque" and "News From Babylon" of the oppressive religious atmosphere of his childhood, which yet inspired his writing and was the basis for much of its vital "neurotic" imagery.

Section two of *Figures of Speech* bears the same title as the entire collection and derives from a poem that presents Lihn's obsession with the nature of poetry and what he calls in one of his deathbed poems "The Limitations of Language." Registering and penetrating the meaning of existence is, for Lihn, made paradoxically more difficult by language. As he notes in "If Poetry Is To Be Written Right," poets "render the language more and more useless" by calling things by their names, since those "answer to their names / but they undress themselves before us only in the dark." This also is an issue in his late poem entitled "Pain Has Nothing To Do With Pain," where he speaks of using "a figure of speech" in connection with death, adding that "my words obviously cannot cross the barrier of that unknown tongue." The second section of *Figures of Speech* also provides a number of examples of Lihn's preoccupation with the function of language, how it should be utilized, how it can stand in the way of true understanding, and how yet the poet would be nothing without his words. The idea that poetry is "nothing" is, from beginning to end of Lihn's writing career, the cause of his sense of futility as a creative artist and yet remains for him the subject that he must forever confront and the object that he must continue to make. Even as he asserts its "nothingness," he repeatedly finds that poetry is capable of reminding us of barbarism and thus offers "a good investment in history," and that it is the "sole repository of the eternal themes." A prolific poet, Lihn was also one who dared to peer deeply into himself, exploring even his own death and rediscovering how necessary poetry was to him as a means of facing up to the possibility of the ultimate nothingness, without feeling sorry for himself or wishing (as in "The Artificial Hand") "to sign a decree / making an exception that [would] return him to life."

The final poem in section two is entitled "The Wailing Wall," and this piece requires some special commentary. The English translation was first published in 1978, but without the Spanish, which

*Introduction*

Lihn and I both somehow had lost along the way. In 1987 I requested that Lihn try to remember his poem by looking back over my English translation. On January 25, 1988, he wrote to say that he believed that he had "reconstituted approximately" the original poem, even though he went on to declare that "The reconstruction was improbable." His difficulties were owing largely, as he indicated in a letter postmarked June 12, 1987, to the fact that he had never been able to learn English, adding that perhaps he was "dyslexic." Nevertheless, Lihn's Spanish version, based on my English translation, should prove, I believe, of particular interest for several reasons. First, "The Wailing Wall" presents an especially revealing examination of irresponsibility or non-conscience. As in the case of many Lihn poems, this piece inverts the normal order of a phrase, proposing to examine not his conscience (as earlier in "Belle Epoque") but his lack of conscience. This is the same approach he takes in his final book, where the title of the work is not the customary or expected phrase in Spanish, "Diario de vida" ("Diary of Life"), but is rather "Diario de muerte" ("Diary of Death" or "Death Diary"). Lihn's poetry repeatedly considers the other side of a phrase, a practice or a concept, with the antithesis more of concern to him than any thesis. Something of this approach he owed to his fellow poet Nicanor Parra and his anti-poetry, but whereas Parra tends to employ his anti-poetics to trepan society, religion, politics, or whatever exhibits an absurd or hypocritical attitude or behavior, Lihn typically applies it more to his own life and literature.

Next to poetry itself, perhaps the art of painting was the other subject that most often drew Lihn's attention as a poet. He was well-versed in the field, and his poetry reflects his knowledge and his special interpretations of specific works from the various periods of art history. The third section of *Figures of Speech* is thus devoted to a selection of pieces which originally appeared in *A partir de Manhattan* (*Starting From Manhattan*, 1979) and *Pena de extrañamiento* (*Pain of Estrangement*, 1986). These poems represent Lihn's blend of "Art and Life," which at times examines his own experiences through the media of painting and collage. Once again, this is true as well of his last poems, where he compares his own death to paintings by Andrea Mantegna and Max Klinger. One of the

*Introduction*

most curious poems related to the world of painters is Lihn's two-part "Olana" (only the second part having been collected previously in book form), which is based on the home of the American artist Frederick Edwin Church. In this piece, Lihn considers the peculiar architecture of Church's "fake heaven" and compares it to a liaison of the poet's which developed from an apparently casual encounter. A more significant example of the poet's combination of art and life is explored in "For Adriana" through allusions to the boxes of bric-a-brac constructed by Joseph Cornell, in which time and place are transformed and yet preserved in a new and more meaningful relationship. What intrigues Lihn about both poetry and painting is their power seemingly to bring their subjects to life, just as in the case of Monet's haystacks which "cannot be (yet are) imaginary."

One subject of Lihn's poetry that relates significantly to his chronicling of art and life—both his own and those of fellow poets and of painters whose works he often describes—is his travels outside of what he calls his "remote and pretentious / uncultivated land." (This reference—like a similar one to "este horroroso / país trivial" ["this horrendous / trivial country"] in *Death Diary*—appears in "Nunca salí del horroroso Chile" ["I Never Left Horrendous Chile"] where Lihn suggests that despite his trips abroad he was never "uprooted" from his homeland and that "other languages" inspire him with "a sacred resentment: / the fear of losing all reality along with / the mother tongue.") His visit to Cuba was recorded in his long poem from 1967, *Escrito en Cuba* (*Written in Cuba*), where he remarks that he has "not hung up the habit of the poem, but know[s] it only / too well," that he believes "even less in some of those who afterwards came among us, proclaiming the period of / armed poetry." Lihn's more overtly political poems are not included here but are available, for instance, in a group of poems from his 1983 collection, *El paseo ahumada* (*Ahumada Mall*), translated by Mary Crow and published in *The American Poetry Review* for July/August 1991.

Section four of *Figures of Speech*, entitled "Brooklyn Monster," begins with "Europeans," a poem based on Lihn's trip to France where he studied works of art in the Paris museums. This is followed by poems which depict scenes and situations in New York (both the state and the city), Canada, Texas, and Spain. Lihn sympathized

*Introduction*

especially with the street people of New York City and those who rode the subways, as in "Brooklyn Monster," a poem which has not previously been collected in book form. Two poems in this section relate to the poet's visit to Canada, "Tulips of Toronto" and "Laughter Abounds in the Mouths of Youths," and two others come from Lihn's time in Texas as a visiting professor. In particular, his "1985 Farewell 2" (which also is in book form for the first time) combines both precise description of the area overlooking the Colorado River at Austin and a rather unusual metaphorical probing of the psychology of a young woman met there by the poet. Finally, the poems set in Spain address once more Lihn's concern with language, both his own use of this means of communication and its relationship to the traditions that certain groups like the Spanish Galicians would maintain in the face of an impersonal modern technology divorced from nature and the intimacy of family life.

    Section five is given over to Lihn's more direct treatment of the subject of love. The title poem of this section, "The Sirens," presents, by way of the Ulysses story, the viewpoint of the aging lover as he finds himself abandoned by all but the sea nymphs who would tempt him to his destruction. Other poems in this fifth section consider the difficulties of love in terms of metaphors of the long distance telephone conversation, the wheel of fortune, and the political/military struggles so common in Latin America during the poet's "Age of Data." This section in turn leads to the final group of poems, which were written—with the exception of the first poem, "Kafka"—during the last days of the poet's life. Lihn reportedly recalled on his deathbed the fact that Kafka also proofed his final book as he was dying, and for this reason I have included Lihn's poem on Kafka from his 1969 collection, *La musiquilla de las pobres esferas*, along with the selection of pieces from *Diario de muerte*, since that earlier poem parallels the perspective on death found in Lihn's final observations on a subject that concerned him throughout his career.

    Love also surfaces in Lihn's last poems in reference, especially, to the one faithful woman, a kind of Penelope, who is no longer jealous of the other women in the poet's life. In the poem entitled "Pain Has Nothing to Do With Pain," Lihn alludes to Isabel, the girl from his childhood who appeared in his "The Dark Room" of 1963 and has

*Introduction*

left in his memory "the trail of her gleam." Principally, however, the deathbed poems are concerned with the issues of preparation for, acceptance of, resistance to and the meaning in death. A particular passage in "Pain Has Nothing to Do With Pain," which refers to the poet's doctors postponing his death, was only one of many passages in Lihn's poems that presented translation difficulties. After asking a number of native speakers about this passage, as well as physicians, I finally received the fullest and most thoughtful discussion of the medical and ethical considerations of the case from Dr. Rebecca Traylor, the daughter of a longtime friend:

> The pleura is the lining of the lung. It is composed of two layers: a visceral layer that follows the contours of the lung and a parietal layer that lines the thoracic cavity. The lung itself has no pain fibers, but the pleura does. Thus, once a disease process (be it a cancer, pneumonia, or inflammation) reaches the pleura, one develops pain. Once a cancer pierces the pleura it is a higher stage (i.e., worse prognosis) because this infers that it has invaded the natural boundaries of the lung. However, a tumor can invade the pleura AND chest wall and still be resectable (i.e., curable) if it has not spread elsewhere in the body.
>
> I can understand [the poet's] consternation. (Lately I seem to have a monopoly on lung cancer; therefore, I have struggled with this issue in my mind several times.) Many doctors do love death . . . as long as it is a drawn-out process. The callous ones equate each visit as a billing opportunity; death would kill the milk cow. However, some doctors realize that death can be a relief; an end to suffering and family strife. Death is a natural phenomenon, yet I continue to be amazed how people resist their end at every turn. Are they not at peace with themselves or their loved ones? Are they fearful of the unknown? Do they have a guilty conscience?
>
> Most doctors do not like death; it is a tacit admission of failure. Yet I pride myself on realizing that death is not always failure; we must push the patient towards peace with

*Introduction*

himself/herself and his/her surroundings months before end of life issues arise. I suspect your poet's treatment team focused on the physical aspects of his cancer without probing the psychological ramifications of his disease. Such a focus leads to inappropriate treatment.

Dr. Traylor's detailed response elucidated for me the passage in "Pain Has Nothing to Do With Pain" which reads "Perhaps doctors are nothing but experts and death—the apple / of their eyes—is a pet problem / science solves it with partial solutions, that is to say, it puts off / its undissolvable nodule sealing a pleura, to start with." Her response should also clarify for readers the poet's reference to doctors as "hairdressers, manicurists, usurious users / who give [death] sparingly, in small doses." If Lihn's doctors did not probe "the psychological ramifications of his disease," certainly the poet did in a very unflinching look at himself as man and artist.

As well as medical ethics, poetry and the arts—as would be expected—figure prominently in Lihn's consideration of "the art of dying." For example, opera serves to suggest the power of the arts to change one's perspective, as does the very awareness of impending death. Lihn frequently sees his dying as a part in a play, observing it objectively as a form of art. His playfulness makes of his last poems a bittersweet reading experience, one of the most moving in modern poetry. Sharing his final hours, the reader discovers that in every sense of the word Enrique Lihn was the complete poet, for despite his constant reference to the "nothingness" of his poetry, it seems clear that his writing will continue to represent one of the true repositories "of the eternal themes."

— Dave Oliphant
Austin, Texas 1999

# Acknowledgments

Grateful acknowledgment is made to the following publications in which some of the translations originally appeared:

*Chicago Review*: "Belle Epoque"; *Colorado Review*: "Dawn 1809," "Monet's Years at Giverny"; *Dactylus*: "For Adriana," "Kandinsky 1904," "Olana I and II"; *The Dirty Goat*: "Against Black Thoughts," "Death in the Opera," "Death Is a Good Friend We Share in Common," "Galician Kitchen," "The Good Spendthrift," "1985 Farewell 2," "Of Man and Granite," "Those Who Are Going to Die," "Portrait"; *Latin American Literary Review*: "Brooklyn Monster," "The Hudson on the Way to Poughkeepsie," "Laughter Abounds in the Mouths of Youths," "The Sirens," "Summer's Apparent Days," "The Tulips of Toronto," "A World of Persons That I Do Not Know"; *Vortex: A Critical Review*: "Counterguerrilla," "Wheel of Fortune"; *New Orleans Review*: "Figures of Speech"; *Nimrod*: "Art of Minstrelsy"; *The Pan American Review*: "The Wailing Wall"; *The Pawn Review*: "Literature"; *Road Apple Review*: "News From Babylon"; *Southern Humanities Review:* "To Roque Dalton"; Texas Portfolio Translation Series: "Age of Data," "Europeans," "If Poetry Is To Be Written Right," "By an Uncontrollable Force."

I also wish to extend my gratitude to Jessica Maralla for reviewing the translations and making valuable suggestions for their revision.

*Noticias de Babilonia*

*News From Babylon*

## RETRATO

Poeta de los pies a la cabeza,
hombre de pocas uñas, convulsivo, neurótico,
huérfano de las águilas, padre de su aumento,
oscuro, sombreado por un ángel difunto,
señor de su desterrado dominio,
látigo de sí mismo,
viudo de toda criatura,
frecuente su cabeza de gigante,
esporádica su alma diminuta,
aparecido yéndose,
rabioso en su alegría, alegre en su tristeza,
aborto de su orgasmo castísimo,
perro de hortelano,
oficinista a ratos, profeta a corto plazo,
delirante sobrino, oveja negra,
visitante de lujo, sospechoso,
saludable a las diez de la mañana,
muerto sin son ni ton de una jaqueca,
eximio bailarín de paso lento,
amante de las flores, asesino de pájaros,
abstracto por instinto,
concreto si se esconde bajo un cántaro,
transparente a la fuerza su secreto,
oscuro de designios convergentes.

## PORTRAIT

Poet from head to toe,
a man of bitten fingernails, convulsive, neurotic,
orphan of the eagles, father to his own increase,
dark, shaded by an angel long deceased,
lord of his exiled domain,
lash of himself,
widow of every creature,
often with the head of a giant,
his soul rarely diminutive,
appeared on going away,
furious in his happiness, joyful in his grief,
abortion of his very chaste orgasm,
the gardener's dog,
at times an office worker, a short-sighted prophet,
a raving nephew, a black sheep,
a special guest, suspicious,
healthy at ten in the morning,
dead from a migraine for no rhyme or reason,
distinguished dancer of the slow step,
lover of flowers, assassin of birds,
abstract by instinct,
concrete when hidden underneath a pot,
his secret transparent not by choice,
obscure from convergent intents.

## BELLA ÉPOCA

    Y los que fuimos tristes, sin saberlo, una vez, antes de
        toda historia: un pueblo dividido
—remotamente próximos—entre infancias distintas.
Los que pagamos con la perplejidad nuestra forzada
        permanencia
en el jardín cuando cerraban por una hora la casa,
        y recibimos
los restos atormentados del amor bajo la especie de una
        "santa paciencia"
o la ternura mezclada
al ramo de eucaliptus contra los sueños malsanos.
"Tú eres el único apoyo de tu pobre madre; ya ves cómo
        ella se sacrifica por todos".
"Ahora vuelve a soñar con los ángeles". Quienes pasamos
        el superfluo verano
de los parientes pobres, en la docilidad, bajo la perversa
        mirada protectora
del gran tío y señor; los que asomamos la cara para verlo
dar la orden de hachar a las bestias enfermas, y el cabeceo
        luego
de su sueño asesino perfumado de duraznos.
    Frágiles, solitarios, distraídos: "No se me ocurre qué,
        doctor", pero obstinados
en esconder las manos en el miedo nocturno, y en
        asociarnos al miedo
por la orina y a la culpa por el castigo paterno.
    Los que vivimos en la ignorancia de las personas
        mayores sumada a nuestra propia ignorancia,
en su temor a la noche y al sexo alimentado de una vieja
        amargura
—los restos de la comida que se arroja a los gorriones—.
    "Tú recuerdas únicamente lo malo, no me
        extraña:
es un viejo problema de la familia". Pero no, los que

*News From Babylon*

# BELLE EPOQUE

   And those of us who were sad, without knowing it, once,
       before all history: a people divided
—remotely near—between differing childhoods.
Those of us who paid with perplexity for our forced
       stay
in the garden when they closed the house for an hour,
       and we received
the tormented remains of love beneath a kind of
       "holy patience"
or tenderness mixed
with a eucalyptus branch to ward off unhealthy dreams.
"You are the only support for your poor mother; you can see
       how she sacrifices herself for everyone."
"Now sweet dreams." We who spent the superfluous
       summer
of poor relations, docile beneath the perverse
       protective watch
of the great uncle and master; those of us who showed our faces
       to catch a glimpse of him
giving orders for beheading the sickly beasts, and later
       nodding
in his murderous dream perfumed by peaches.
   Fragile, solitary, distracted: "I can't imagine what,
       doctor," but obstinate
       in hiding our hands in nightly dread, and in
       allying ourselves with fear
through urine and with guilt through paternal punishment.
   Those of us who lived in the ignorance of the elderly
       added to our own ignorance,
in their fear of night and sex fed on an old bitterness
—scraps of the meal thrown to the sparrows—.
     "You remember only the bad part, which doesn't
       surprise me:
it's an old family trait." But no, those of us who were

fuimos
minuciosamente amados en la única y posible extensión
    de la palabra
que nadie había dicho en cincuenta años a la redonda,
    pequeñas caras impresas, sellos de la alianza.
Sí, verdaderamente hijos de la buena voluntad, del más
    cálido y riguroso estoicismo. Pero, ¿no es esto
    una prueba de amor, el reconocimiento
del dolor silencioso que nos envuelve a todos?
    Se transmite, junto a la mecedora y el reloj de pared,
    esta inclinación a la mutua ignorancia,
el hábito del claustro en que cada cual prueba,
    solitariamente, una misma amargura. Los que
    nos prometíamos
revelarnos el secreto de la generación en el día del
    cumpleaños: versión limitada a la duda sobre
    el vuelo de la cigüeña y al préstamo de oscuras
    palabras sorprendidas en la cocina, sólo a esto
como regalar un paquete de nísperos, o en casa del
    avaro
la alegría del tónico que daban de postre.
    "Han-fun-tan-pater-han"
    Sí, el mismo pequeño ejemplar rizado según una
    antigua costumbre, cabalgando, con gentil
    seriedad, las interminables rodillas del
    abuelo paterno.
(Y es el momento de recordarlo. Abuelo, abuelo que
    según una antigua costumbre infundiste el
    respeto temeroso entre tus hijos
por tu sola presencia orgullosa: las botas altas y el
    chasquido del látigo para el paseo matinal
    bajo los álamos.
Niño de unas tierras nevadas que volvieron por ti en el
    secreto de la vejez solitaria
cuando los mayores eran ahora los otros y tú el hombre
    que de pronto lloró
pues nadie lo escuchaba volver a sus historias.)

## News From Babylon

thoroughly loved in the only possible sense of the word
which no one had used in fifty years or so, small
        imprinted faces, seals of the alliance.
Yes, truly sons of good will, of the warmest and most
        rigorous stoicism. But, isn't this a proof of
        love, the recognition
of the silent pain that enfolds us all?
   It is handed down, along with the rocker and the clock
        on the wall, this tendency toward mutual ignorance,
the habit of the cloister by which each proves,
        alone, a selfsame bitterness. Those of us
        who promised
to disclose on our birthdays the secret of procreation:
        a version limited to doubt as to the flight of the stork
        and the swearing of dark words overheard
        in the kitchen, only this more
like giving a gift packet of crab apples, or in the miser's
        house
the happiness of a tonic served as dessert.
        "Han-fun-tan-pater-han"
   Yes, the same small carbon copy with curls according to an
        ancient custom, riding horsy, with graceful
        solemnity, on the endless knees of the paternal
        grandfather.
(And it's time to remember him. Grandfather, grandfather who
        according to an ancient custom instilled a fearful respect
        in your sons
merely by your proud presence: the high boots and the
        crack of a whip on the morning drive
        beneath the poplars.
Child of some snowy lands that came back for you in
        the secret of lonely old age
when those in charge were now the others and you the man
        who suddenly wept
since no one heard him return to his tales.)

"Han-fun-tan-pater-han"
El mismo jinete de las viejas rodillas. "No hace más
    de dos años; entonces se pensaba
que era un niño demasiado sensible".
Los primeros en sorprendernos de nuestros propios
    arrebatos de cólera o crueldad
esa vez, cuando el cuchillo de cocina pasó sesgando
    una mano sagrada
o la otra en que descuidamos las brasas en el suelo,
    en el lugar de los juegos descalzos;
flagrantes victimarios de mariposas embotelladas;
muerte por agua yodurada, aplastimiento de las larvas
    sobre la hierba y caza
de la lagartija en complicidad con el autor de la muerte
por inflación en el balde. Muerte por emparejamiento
de las grandes arañas en el claustro de vidrio, y
    repentinamente la violencia
con los juguetes esperados durante el año entero.
    "Se necesita una paciencia de santa".
Los que habíamos aprendido a entrar en puntillas
    al salón de la abuela materna; a no movernos
    demasiado, a guardar un silencio reverente:
    supuesta inclinación
a los recuerdos de la Bella Época ofrecidos al cielo
    sin uno mota de polvo junto al examen de
    conciencia y al trabajo infatigable en el
    hormiguero vacío
y limpio, limpio, limpio como el interior de un espejo
    que se trapeara por dentro: cada cosa
    numerada, distinta, solitaria.
Los últimos llamados en el orden del tiempo, pero
    los primeros en restablecer la eternidad,
    "Dios lo quiera",
en el desorden del mundo, nada menos que esto;
    mientras recortábamos y pegoteábamos
    papeles de colores:
estigmas de San Francisco y cabelleras de Santa Clara

*News From Babylon*

      "Han-fun-tan-pater-han"
  The same rider of the aged knees. "It hasn't been more
        than two years; it was thought then
he was an overly sensitive child."
The first to be surprised by our own fits
        of rage and cruelty
that time, when the kitchen knife flew barely missing
        a sacred hand
or the other when we left the red-hot coals on the floor,
        in a place meant for playing barefoot;
flagrant victimizers of bottled butterflies:
death by iodized water, smashing of the larva down on the
        grass and the hunt
for the lizard in league with the author of death
by bloating in a pail of water. Death by pairing off
huge spiders in the glass chamber, and the sudden violence
with toys awaited the livelong year.
      "It takes the patience of a saint."
  Those of us who had learned to enter on tiptoes the
        drawing-room of the maternal grandmother; not to move
        so much, to keep a reverent quiet: expected bow
toward memories of the Belle Epoque offered to heaven
        without a speck of dust together with examination of
        the conscience and the untiring work in the
        empty anthill
and clean, clean, clean as the interior of a mirror
        that is wiped from within: each thing
        numbered, distinct, solitary.
Those of us called last in order of time, but the first in
        restoring eternity,
        "God willing,"
within the world's disorder, nothing less than this;
        while we were cutting and pasting
        colored paper:
stigmatas of Saint Francis and flowing hair of Saint Clara

—gente descalza en paisajes nevados—,
y se nos colmaba, cada vez, de un regalo diferente:
   alegorías de un amor victoriano:
la máquina de escribir y la vitrola. Los que nos
   educamos en esta especie de amor a lo
   divino, en el peso de la predestinación y
   en el aseo de las uñas;
huéspedes respetuosos y respetados a los seis años;
   confidentes de una angustia sutil,
   discípulos suyos en teología.
Listos, desde el primer momento, para el cocimiento
   en el horno de la fe atizado por Dios y
   por el Diablo, bien mezclada la harina
   a una dosis quizá excesiva de levadura;
rápidamente inflados al calor del catecismo. Los
   que, en lugar de las poluciones nocturnas,
   conocimos el éxtasis, la ansiedad por asistir
   a la Misa del Gallo, el afán proselitista
   de los misioneros, el miedo
a perder en la eternidad a los seres queridos, el
   vértigo de la eternidad cogido al borde
   del alma: un resfrío abismal, crónico
   e inefable;
inocuos remordimientos de conciencia como los
   dolores de los dientes de leche; el incipiente
   placer de la autotortura
bajo un disfraz crecedor, con las alas hasta el suelo.

En el futuro la brevedad de un Nietzsche de manteca,
   cocinado en sí mismo; el tránsito de
   Weininger perseguido por un fantasma sin
   alma. Ahora el lento girar en torno a la
   crucifixión,
oprimidos en el corazón. Adelgazados en la sangre.
   Caldeados en el aliento.

*News From Babylon*

      —barefoot people in snowy landscapes —,
and we were given, each time, a different gift:
      allegories of Victorian love:
the typewriter and the victrola. Those of us who
      trained ourselves in this sort of love for
      the divine, in the burden of
      predestination and
      in the cleanliness of our fingernails;
respectful and respected guests at the age of six;
      the faithful of a subtle anguish,
      its disciples in theology.
Ready, from the first moment, to burn in the oven
      of a belief inflamed by God and
      the Devil, the flour mixed well
      to a measure perhaps heavy on the yeast;
quickly risen in the heat of catechism. Those
      who, in place of wet dreams,
      knew the ecstasy, the eagerness to attend
      midnight mass, the proselytizing zeal
      of the missionaries, the fear
of losing eternally our loved ones, the vertigo
      of the everafter clung to at the edge of
      the soul: an abysmal headcold,
      chronic and ineffable;
harmless remorse of conscience like the pains
      of a baby teething; the incipient
      pleasure of self-laceration
under a growing disguise, with wings dragging the ground.

In the future the conciseness of a Nietzsche of lard,
      cooked in itself; the passage
      from Weininger pursued by a soulless
      phantom. Now the slow turning towards the
      crucifixion,
heavy of heart. Diluted in the blood.
      Seethed in spirit.

## NOTICIAS DE BABILONIA

Error, me das la cara incorregible,
uno a uno los pasos de la prueba
en la medida misma en que te alejan
extienden la frontera de tu reino.

No se ha perdido nada de la muerte
ni del primer contacto peligroso,
con todo lo que fuimos a vivirnos,
a pesar del rosario y por su culpa.

Cuando se deshicieron nuestras piernas
del cuatro, nació el sexo en la miseria.
Era una tumba todo ese silencio
y el amor al silencio el primer paso.

Iglesia de los Padres Capuchinos,
Iglesia de los Padres Alemanes,
lo del cordero fue una historia cruel
lo de la eternidad mi pesadilla.

Seres amados que se me escaparon
de los dedos, camino de los cielos.
Estamos vivos pero desdoblados:
sigo allí en ese misterio doloroso.

Pruebas al canto del error: viví
entre columnas de arrepentimiento,
bajo un ruido de alas de cigüeña,
sometido al rigor de la inocencia.

Música en que aprendí mi silabario
de la Pasión según Santa Vitrola.
Palacio de Cristal allá en lo alto
lleno del cacareo de los ángeles.

# NEWS FROM BABYLON

Error, you show me an inflexible face,
one by one the steps of the test
at the same pace as they leave you behind
extend the limits of your rule.

Nothing of death has been lost
nor even the first perilous touch,
with all we were going to live our lives,
in spite of the rosary and on its account.

Done with crawling on all fours,
sex was born in misery.
All that silence a tomb
and toward it love first made its way.

Church of the Capuchin Friars,
Church of the German priests,
the one of the lamb was a cruel tale
the one of eternity my recurring nightmare.

Loved ones who slipped through
my fingers, the heavens' highway,
we are alive but now are torn in two:
I go on in that doleful mystery there.

Evidence in the song of error: I lived
among pillars of repentance,
underneath the din of stork wings,
subjected to the rigors of innocence.

Music to which I learned my primer
of the Passion according to Saint Victrola.
Crystal Palace off there in the blue
full of the crowing archangels.

*Noticias de Babilonia*

Calle de Dios perdida para el mundo
sobre la cual el cielo demostraba
con el compás solar, mórbidamente,
la belleza perfecta del divino.

Atardecer que se nos iba hundiendo
mientras soplaba, en un silencio exacto,
un mal barroco de alas estropeadas
su trompetilla, oleajes

acantilados montes de la luna
playas del sol para que allí fondearan
por millares los barcos de la muerte,
todo como en la palma de mi mano.

Abuela de escribir, máquina mía,
ya no corre la sangre por mis venas:
de agua bendita soy un pudridero,
llenas de musgo y podre están las llagas.

Este que vino a Babilonia en cuatro
caballos sucesivos
huyendo del camino de Damasco,
es el quinto jinete apocalíptico.

No había amor humano que cortara
el aliento al amor a lo divino
sin convertir de golpe al corazón
por asfixia en "el órgano del miedo".

Y en plena asfixia ví cómo cruzaba
Calle de Dios abajo, perdidiza
quebrándome la línea del destino,
Erika: el paraíso en bicicleta.

Adiós, bajo este signo: mala estrella
polar preludio de lo que no es,

*News From Babylon*

Street of God lost to the world
above which the heavens revealed
through a solar circuit, morbidly,
the divine's beauty as absolute.

Late afternoon that was sinking from us
even as, in precise silence, it blew
a tasteless extravagance of crippled wings
its ear-trumpet, continuous waves

steep mountains of the moon,
beaches of the sun for anchoring
the ships of death by the thousands,
all as though in the palm of my hand.

Grandmother of writing, typewriter mine,
blood no longer runs in my veins:
from sanctified water I'm a putrified spot,
the wounds filled with moss and pus.

This that came to Babylon on four
successive mounts,
fleeing the road to Damascus,
is the fifth horseman of the Apocalypse.

From love of the divine no human
love could take the breath away
without asphyxia suddenly converting
the heart into "the instrument of fear."

Suffocating completely I saw how
down the Street of God, as if lost,
breaking the line of my fate, Erika
was crossing: paradise riding a bike.

Farewell, beneath this sign: evil star
polar prelude to what is not,

mi soledad babea tango a tango
el repertorio de las que se fueron.

Corriente de mujeres migratorias
de toda pluma, el cazador se emperra
en olfatear la sombra de la carne
que trae el perro-río entre los dientes.

Este pequeño aborto del infierno
vino al mundo a lavarlo del pecado.
San Francisco de Asís había muerto,
alguien tenía que resucitarlo.

Iglesia de los Padres Capuchinos.
Angel de la Trompeta en la ventana.
Dios es amor, reparto a domicilio.
Alguien tenía que resucitarlo.

Vino al mundo con flores a María
en un decir Asís y "Vamos todos".
Para la eternidad no hay muerto eterno.
Alguien tenía que resucitarlo.

Lo del cordero fue una historia cruel,
ese primer contacto peligroso.
No se ha perdido nada con la muerte
dice la eternidad, mi pesadilla.

Máquina de morir, abuela eterna,
contra me corazón arrodillado
se me humilla de pronto la cabeza,
mi corazón, "el órgano del miedo".

Contra el error no he dado con la fórmula
Alquimia del amor a lo divino
irreversible como la locura,
nunca di con el oro de lo humano.

*News From Babylon*

my solitude drools tango to tango
the repertoire of those have gone.

Current of all kinds of migrating
women, the hunter persists in
sniffing out the shadow of flesh
the dog-river carries in its teeth.

This little abortion of Hades
came to earth to cleanse its sin.
Saint Francis of Assisi had died,
someone had to revive him.

Church of the Capuchin Friar.
Angel of the Trumpet at the window.
God is love, home delivery.
Someone had to revive him.

Came to earth bearing flowers for Mary
quick as saying Assisi and "Let's All Go."
For eternity there is no eternal death.
Someone had to revive him.

The one of the lamb was a cruel tale,
that very first perilous touch.
Nothing has been lost in death
eternity says, my recurring nightmare.

Typewriter of death, eternal grandmother,
kneeling down before my heart,
my head at once humbles itself,
my heart, "the instrument of fear."

Against error I've found no formula
Alchemy of love for the divine
as irreversible as insanity is,
could never find humanity's gold.

*Noticias de Babilonia*

Ni aun la poesía me consuela:
es inviolable "El Gran Brillante" o
cada una de esas vaínas metafísicas
de la botica celestial, no hay nada

nadie que pase intacto la barrera
de lo que fue una vez lo prohibido
sin meterse en el lecho de Yocasta
bajo la gran sonrisa de la Esfinge.

De las pobres esferas sube y sube
esta miseria de la musiquilla:
un solo de trompeta que se ahoga
frente al solo de sol de la respuesta.

Elevado silencio a todo cubo
resonando en la calle a toda pala,
allí abajo recogen la basura.
Veníd y vamos todos al infierno.

A la ciudad de Babilonia llega
el desconsuelo de la musiquilla.

*News From Babylon*

Not even poetry's consoling to me:
"The Great Diamond" is inviolable
or any such metaphysical phial
of the celestial pharmacy, there's nothing

nobody who may pass the barrier intact
barrier of what was once forbidden
without climbing into Jocasta's bed
underneath the Sphinx's grin.

From the poor spheres rises, rises
this misery of the minor music:
a trumpet solo that is drowned before
the fifth tone of the solo's answering note.

Silence raised to the third power
resounding in the street full blast,
there below where they pick up trash.
Let's all go to the inferno.

To the city of Babylon now arrives
the minor music's distress.

*Figuras de palabras*

*Figures of Speech*

*Figuras de palabras*

## MESTER DE JUGLARÍA

Ocio increíble del que somos capaces, perdónennos
los trabajadores de este mundo y del otro
pero es tan necesario vegetar.
Dormir, especialmente, absorber como por una pajilla delirante
en que todos los sabores de la infelicidad se mixturan
rumor de vocecillas bajo el trueno estos monstruos
nuestras llagas
como trocitos de algo en un calidoscopio.
Somos capaces de esperar que las palabras nos duelan
o nos provoquen una especie de éxtasis
en lugar de signos drogas
y el diccionario como un aparador en que los niños perpetraran
    sus asaltos nocturnos
comparación destinada a ocultar el verdadero alcance de
    nuestros apetitos
que tanto se parecen a la desesperación a la miseria
Ah, poetas, no bastaría arrodillarse bajo el látigo
ni leernos, en castigo, por una eternidad los unos a los otros.
En cambio estamos condenados a escribir,
y a dolernos del ocio que conlleva este paseo de hormigas
esta cosa de nada y para nada tan fatigosa como el álgebra
o el amor frío pero lleno de violencia que se practica en los
    puertos.
Ocio increíble del que somos capaces yo he estado almace-
    nando
mi desesperación durante todo este invierno,
trabajadores, nada menos que en un país socialista
He barajado una y otra vez mis viejas cartas marcadas
Cada mañana he despertado más cerca de la miseria
esa que nadie puede erradicar,
y, coño, qué manera de dormir
como si germinara a pierna suelta
sueños insomnes a fuerza de enfilarse a toda hora frente a

*Figures of Speech*

## ART OF MINSTRELSY

Incredible sloth of which we are capable, forgive us,
workers of this world and of the next
but it is so necessary to vegetate.
To sleep, even more, to absorb as through a delirious straw
in which all the flavors of unhappiness are mixed
murmur of small voices under the thunder these monsters
our wounds
like bits of something in a kaleidoscope.
We are capable of waiting for the words to injure us
or to provoke a kind of ecstasy
in place of billboard drugs
and the dictionary like a cupboard where the children
        carry out their nocturnal raids
comparison destined to hide the true range of our appetites
that so much seem like desperation like misery.
Ah, poets, it wouldn't be enough to kneel beneath the whip
nor to read, as punishment, one another through eternity.
Instead we are condemned to write,
and to wound ourselves with the sloth that bears within
        this journey of ants
this thing of nothing and for nothing so fatiguing like
        algebra
or love cold but violence-filled so practiced in ports.
Incredible sloth of which we are capable I have been
        hoarding my
desperation through all this winter,
right here, workers, in a socialist state
Have shuffled again and again my old marked cards
Each morning have awakened nearer to a misery
which no one can eradicate,
and Christ, what a way of sleeping
as if by sawing a log you would grow
sleepless dreams by dint of facing up every hour to a love

*Figuras de palabras*

        un amor frío pero lleno de violencia como un sar-
        gento borracho
estos datos que se reúnen inextricables
digámoslo así en el umbral del poema
cosas de aspecto lamentable traídas no se sabe para qué
        desde todos los rincones del mundo
(y luego hablaron de la alquimia del verbo)
restos odiosos amados en una rara medida
que no es la medida del amor
De manera que hablo por experiencia propia
Soy un sabio en realidad en esta cosa de nada y para nada
        y francamente me extraña
que los poetas jóvenes a ejemplo del mundo entero se
        abstengan de figurar en mi séquito
Ellos se ríen con seguridad de la magia
pero creen en la utilidad del poema en el canto
Un mundo nuevo se levanta sin ninguno de nosotros
y envejece, como es natural, más confiado en sus fuerzas
        que en sus himnos
Trabajadores del mundo, uníos en otra parte
ya os alcanzo, me lo he prometido una y mil veces, sólo que
        no es éste el lugar digno de la historia,
el terreno que cubro con mis pies
perdonad a los deudores morosos de la historia
a estos mendigos reunidos en la puerta del servicio
restos humanos que se alimentan de restos
Es una vieja pasión la que arrastramos
Un vicio, y nos obliga a una rigurosa modestia
En la Edad Media para no ir más lejos
nos llenamos la boca con la muerte,
y nuestro hermano mayor fue ahorcado sin duda alguna
        por una cuestión de principios
Esta exageración
es la palabra de la que sólo podemos abusar
de la que no podemos hacer uso—curiosidad vergon-
        zante—, ni mucho menos aun cuando se nos em-
        plaza a ello

*Figures of Speech*

       cold but violence-filled as a drunken sergeant
these facts that are inextricably bound
thus let us say it here at the threshold of the poem
things of a sorry cast brought I do not know for what
       from every corner of the earth
(and later they spoke of the alchemy of the word)
odious loved remains to a rare measure
which is not the measure of love
So that I speak from personal experience
I'm really an expert in this matter of nothing and for
       nothing and frankly it's amazing to me
that the young poets modeling themselves after the
       entire world should abstain from becoming part
       of my train
They laugh safely at magic
but believe in the usefulness of the poem in the song
A new world is being built without any of us
and grows old, as is natural, more confident in its
       powers than in its hymns
Workers of the world, unite somewhere else
I'll catch up with you, I have promised it to myself a
       thousand times, only that this is not the place
       worthy of history,
the terrain I cover with my feet
forgive the tardy debtors of the past
these beggars gathered at the service entrance
human remains that are fed on remains
It is an old passion this that we drag along
A vice, and it binds us to a rigorous modesty
In the Middle Ages not to go back any further
we filled our mouths with death,
and our older brother was hung without a doubt
       as a matter of principle
This exaggeration
is the word of what we can only abuse
of what we can make no use—shameful curiosity—,
       not much less even when we're summoned
       for it

*Figuras de palabras*

en el tribunal o en la fiesta de cumpleaños
Y siempre a punto de caer en el absurdo total
habladores silentes como esos hombrecillos del cine mudo
    —que en paz descansen—
cuyas espantosas tragedias parodiaban la vida:
miles de palabras por sesión y en el fondo un gran silencio
    glacial
bajo un solo de piano de otra época
alternativamente frenético o dulce hasta la náusea
Esta exageración casi una mala fe
por la que entre las palabras y los hechos
se abre el vacío y sus paisajes cismáticos donde hasta la
    carne parece evaporarse
bajo un solo de piano glacial y en lugar de los dogmas surge
bueno, la poesía este gran fantasma bobo
ah, y el estilo que por cierto no es el hombre
sino la suma de sus incertidumbres
la invitación al ocio y a la desesperación y a la miseria
Y este invierno mismo para no ir más lejos lo desaproveché
    pensando
en todo lo que se relaciona con la muerte
preparándome como un tahúr en su prisión
para inclinar el azar en mi favor
y sorprender luego a los jugadores del día
con este poema lleno de cartas marcadas
que nada dice y contra el cual no hay respuesta posible y
    que ni siquiera es una interrogación
un as de oro para coronar un sucio castillo de naipes una
    cara marcada una de esas
que suelen verse en los puertos ellas nos hielan la sangre
y nos recuerdan la palabra fatal
un resplandor en todo diferente de la luz
mezclado a historias frías en que el amor se calcina
Todo el invierno ejercicios de digitación en la oscuridad

*Figures of Speech*

in court or at a birthday party
And ever on the verge of falling in the total absurd
mute speakers like those little men of the silent film—
       may they rest in peace—
whose dreadful tragedies parodied life:
thousands of words per showing and at the bottom a
       grand glacial silence
backed by a piano from another age
alternately frenetic or sweet to the point of nausea
This exaggeration almost bad faith through which
       between the words and deeds
yawns the emptiness with its schismatic landscapes
       where even the flesh seems to evaporate
backed up by a glacial piano solo and in place of
       dogmas rises
well, poetry this great idiot ghost
ah, and the style sure isn't the man
but a summary of all his uncertainties
the invitation to sloth and desperation and misery
And this same winter not to go back any further
       I wasted it thinking
of all that's related to death
preparing myself like a gambler in his cell
to influence chance in my favor
and later to surprise the players of the day
with this poem so full of marked cards
which says nothing and against which there is no
       possible reply and which is not even a
       question
an ace of diamonds to crown a dirty house of
       cards a marked face one of those
that are often seen in ports those that freeze our
       blood
and remind us of the fatal word
a splendor totally different from light
mixed with cold stories in which love turns to ash
All winter fingering exercises in the dark

*Figuras de palabras*

de modo que los dedos vieran manoseando estos restos
cosas de aspecto lamentable que uno arrastra y el ocio
de los juglares, vergonzante
padre, en suma, de todos los poemas:
vicios de la palabra
Estuve en casa de mis jueces. Ellos ahora eran otros no
    me reconocieron
Por algo uno envejece, y hasta podría hacerlo, según corren
    los tiempos, con una cierta dignidad
Espléndida gente. Sólo que, como es natural, alineados
Televidentes escuchábamos al líder yo también caía en una
    especie de trance
No seré yo quien transforme el mundo
Resulta, después de todo, fácil decirlo,
y, bien entendido, una confesión humillante
puesto que admiro a los insoportables héroes y nunca han
    sido tan elocuentes quizás
como en esta época llena de sonido y de furia
sin más alternativa que el crimen o la violencia
Que otros, por favor, vivan de la retórica
nosotros estamos, simplemente, ligados a la historia
pero no somos el trueno ni manejamos el relámpago
Algún día se sabrá
que hicimos nuestro oficio el más oscuro de todos o que
    intentamos hacerlo
Algunos ejemplares de nuestra especie reducidos a unas
    cuantas señales de lo que fue la vida en estos tiempos
darán que hablar en un lenguaje todavía inmanejable
Las profecías me asquean y no puedo decir más.

*Figures of Speech*

that the fingers take note of the feeling up of remains
things of a sorry cast one drags along and the sloth
of the minstrels, shameful
father, in short, of all the poems:
vices of the word
I was in my judges' home. They now were others
        didn't recognize me
For some reason one ages, and even I would do so,
        according to the present mode, with a certain
        dignity
Splendid people. Only, as is natural, in line
TV viewers we listened to the leader I too fell into a
        kind of trance
It won't be I who will change the world
It seems, after all, easy to say it,
and, clearly, a degrading confession
since I admire intolerable heroes and never have they
        been so eloquent perhaps
as in this age full of sound and fury
with no other choice than violence or crime
Let others, please, live by rhetoric
we are, simply, tied to history
but are not the thunder nor wield the flash
It will be known one day
that we made our office the darkest of all or
        intended it so
Some examples of our species reduced to a few signs
        of what life was in these times
will give occasion for talk in a language unmanageable still
Prophecies turn my stomach and I can say no more.

*Figuras de palabras*

## A ROQUE DALTON

Soy un poco el poeta del chambergo flotante,
de los quevedos flotantes, de la melena y la capa española,
un viejo actor de provincia bajo una tempestad artificial
entre los truenos y relámpagos que chapucea el utilero.
Si mal no recuerdo, monologo, me esmero
en llenar el vacío en que moldeo mi voz,
y la palabra brilla por su ausencia
y el drama me es impenetrable.
Envejezco al margen de mi tiempo
en el recuerdo de unos juegos florales
porque no puedo comprender exactamente la historia.

*Figures of Speech*

**TO ROQUE DALTON**

I'm a bit the poet of the flowing regimental hat,
of the floating pince-nez, of the disheveled hair
        and the Spanish cape,
an old provincial actor caught out in an artificial storm
between the thunder and lightning bungled by
        the sound effects man.
If memory serves me right, I soliloquize, I take pains
to fill the void where I fashion my voice,
and the absent word deafens
and to me the play never comes across.
I grow old off-stage of my time
in the remembrance of those festivals of Spring
since I'm not quite able to catch the drift.

# FIGURAS DE PALABRAS

La constelación del insomnio me obliga a perseverar
en un cansancio sin sueño
como a un astrónomo la desaparición de una estrella
pero sin el consuelo de ninguna de estas metáforas
que cargo a la cuenta de la vieja poesía.
Tampoco Nueva York es otro de los tantos poemas
que llevan su nombre ni se presta a lucir en el papel
(tantas veces escrita por nada y para nada)
un sentido como una máscara
detrás de la cual me ocultaría yo:
un viejo lugar común por el que todas las palabras —salvo
      muy pocas— pasan.
Esta ciudad hacia la que todas confluyen
no se parece es claro en nada a una persona
Es una cosa inerte como la formación
de un continente en los períodos glaciales
y sólo en este sentido está viva
Grandeza  sí   pero no sueños de grandeza,   avanzado por
      encima
de nuestros perezosos modos de evitar su descripción
con exclamaciones y otras figuras de palabras.

## FIGURES OF SPEECH

Insomnia's constellation compels me to persevere
in a sleepless fatigue
like an astronomer faced with a disappearing star
but without the consolation of any such metaphors
that I charge to old poetry's account.
Nor is New York another of the numerous poems
that bear its name nor is it loaned for starring in the role
(written so often for no reason and with no results)
with a feeling like a mask
I would hide behind:
an old common place where all the words—except for
                              a very few—pass through.
This city where they all come together
doesn't look it's clear anything like a person
It's something inert like the creation
of a continent in a glacial age
and is only in this sense alive
   Grandeur    yes    but not dreams of greatness, advanced
                            on top
of our lazy means for evading its description
with exclamations and more figures of speech.

*Figuras de palabras*

## SI SE HA DE ESCRIBIR CORRECTAMENTE POESÍA

Si se ha de escribir correctamente poesía
no basta con sentirse desfallecer en el jardín
bajo el peso concertado del alma o lo que fuere
y del célebre crepúsculo o lo que fuere.
El corazón es pobre de vocabulario.
Su laberinto: un juego para atrasados mentales
en que da risa verlo moverse como un buey
un lector integral de novelas por entrega.
Desde el momento en que coge el violín
ni siquiera el vals triste de Sibelius
permanece en la sala que se llena de tango.

Salvo honrosas excepciones las poetisas uruguayas
todavía confunden la poesía con el baile
en una mórbida quinta de Recreo,
o la confunden con el sexo o la confunden con la muerte.

Si se ha de escribir correctamente poesía
en cualquier caso hay que tomarlo con calma.
Lo primero de todo: sentarse y madurar.
El odio prematuro a la literatura
puede ser de utilidad para no pasar en el ejercito
por maricón, pero el mismo Rimbaud
que probó que la odiaba fue un ratón de biblioteca,
y esa náusea gloriosa le vino de roerla.

Se juega al ajedrez
con las palabras hasta para aullar.
Equilibrio inestable de la tinta y la sangre
que debes mantener de un verso a otro
so pena de romperte los papeles del alma.
Muerte, locura y sueño son otras tantas piezas
de marfil y de cuerno o lo que fuere,
lo importante es moverlas en el jardín a cuadros

*Figures of Speech*

## IF POETRY IS TO BE WRITTEN RIGHT

If poetry is to be written right
it's not enough to feel oneself pining away in the garden
under the concerted weight of the soul or whatever it is
and of the illustrious twilight or whatever it is.
The heart has a poor vocabulary
Its labyrinth: a game for the mentally retarded
where it tickles one to see it moving like an ox
a complete reader of serial novels.
From the moment the violin takes hold
not even the sad waltz of Sibelius
hangs in the hall filled up with tango.

Save for honorable exceptions the Uruguayan poetesses
still confuse poetry with dance
in a morbid low-class recreation park
or they confuse it with sex or confuse it with death.

If poetry is to be written right
in every case one must take it calmly.
Above all else: to be seated and mature.
Premature hatred for literature
can be of use in not spending time in the military
taken for a gay, but the same Rimbaud
who proved that he hated it was a book rat,
and that glorious nausea came to him from gnawing at it.

One plays chess
with words right down to screaming.
Giddy equilibrium of the ink and blood
that you ought to maintain from line to line
under pain of tearing the papers of your soul.
Death, madness, and dream are so many other pieces
of marble or horn or whatever it is,
the important thing is to play them in the checkered garden

*Figuras de palabras*

de manera que el peón que baila con la reina
no le perdone el menor paso en falso.

Quienes insisten en llamar a las cosas por sus nombres
como si fueran claras y sencillas
las llenan simplemente de nuevos ornamentos.
No las expresan, giran en torno al diccionario,
inutilizan más y más el lenguaje,
las llaman por sus nombres y ellas responden por sus nombres
pero se nos desnudan en los parajes oscuros.

Salvo honrosas excepciones ya no hay grandes poetas
que no parezcan vendedores viajeros
y predican o actúan e instalan su negocio
en dios o en la taquilla de un teatro de provincia.
Ningún Misterio: trucos del lenguaje.
Discursos, oraciones, juegos de sobremesa
todas estas cositas por las que vamos tirando.

Si se ha de escribir correctamente poesía
no estaría de más bajar un poco el tono
sin adoptar por ello un silencio monolítico
ni decidirse por la murmuración.
Es un pez o algo así lo que esperamos pescar
algo de vida, rápido, que se confunde con la sombra
y no la sombra misma ni el Leviathan entero.
Es algo que merezca recordarse
por alguna razón parecida a la nada
pero que no es la nada ni el Leviathan entero
ni exactamente un zapato ni una dentadura postiza.

*Figures of Speech*

in the same way as the pawn who dances with the queen
isn't pardoned for the least wrong move.

Those who insist on calling things by their names
as if they were clear and simple
cover them simply with new ornaments.
They do not express things, they dig around in the dictionary,
they render language more and more useless,
they call things by their names and those answer to their names
but they undress themselves before us only in the dark.

Save for honorable exceptions there are no great poets
who may not appear as traveling salesmen
and preach or perform or set up their business
in god at the box office of a provincial theatre.
No Mystery: linguistic tricks.
Discourses, orations, after-dinner entertainments,
all these little things we welcome by pushing and pulling.

If poetry is to be written right
it wouldn't be bad to lower the tone a bit
but not to adopt for that purpose a monolithic hush
nor to decide in favor of slander.
It is a fish or some such thing we hope to catch
something alive, quick, confused with the shadow
and not the shadow itself nor an entire Leviathan.
It is something that may be worth remembering
for some reason next to nothing
but neither nothing nor an entire Leviathan
nor exactly a shoe nor a set of false teeth.

*Figuras de palabras*

## ÉPOCA DEL DATO

Nadie le niega a la poesía el derecho de creerse la muerte o la
    naturaleza o el amor
única depositaria de los temas eternos
Lo que yo me atrevo a pensar es que no queremos ser engañados
por esas informaciones alevosamente incompletas
pues si los ángeles existieran
otras serían sus reglas del juego
y no dejarían huellas del amor en la escritura
que es siempre la señal de una insatisfacción
y el módico resultado de una búsqueda
que en el mejor de los casos empieza con ella
pero la muerte también es un dato
en La Epoca del Dato algo tan concreto
como inaccesible para quien la sondea
una hipótesis de trabajo y la información hace falta.
Por otra parte somos la naturaleza
poetizarla es incurrir en un error de perspectiva
algo así como ver doble bajo los efectos del alcohol
Finalmente no somos poetas religiosos
ni amamos la palabra por sus significados ocultos
frente a los cuales la palabra
resulta por definición impotente
En lugar de unir, separamos
La separación y la información se confunden
y el dato es todo lo contrario de Dios.

## AGE OF DATA

No one denies poetry the right to believe itself terrific
    or nature or love
sole repository of the eternal themes
What I dare consider is that we don't want to be tricked
by that treacherously deficient information
since if any angels should exist
their rules of the game would be different
and they wouldn't leave love tracks in the writing
which is ever the sign of dissatisfaction
and the moderate result of a search
that in the best of cases begins with itself
but death is also a datum
in the Age of Data something so concrete
yet so inaccessible for any who would fathom it
a working hypothesis lacking the facts.
On the other hand we ourselves are nature
to poetize it is to incur an error in perspective
sort of like seeing double when under the effects
Finally we aren't religious poets
nor do we love the word for its hidden meanings
in the presence of whom the word
by definition ends up impotent
Instead of joining, we separate
Separation and information are confounded
and data is just the opposite of God.

*Figuras de palabras*

## LITERATURA

Cuando me encuentro con otros escritores
no hacemos más que hablar como buenos o malos funcionarios
de la Literatura: a uno lo publica
Siglo XXI, y a otro, como a mí, Centro Editor
no le pagará nunca sus derechos de autor; cuando me encuentro
con la Literatura no me saco el sombrero, quiero a mis amigos
pero ninguno de nosotros llegará muy lejos: más acá del horizonte
donde brillan quienes llamaría un imbécil
los astros de primera magnitud.
Cuando me encuentro con los astros de primera magnitud
y esos pavos reales brillan con la debida discreción
yo los invitaría a vomitar, porque escribir también como ellos
es ejercer el oficio más blando. Cuando me encuentro conmigo mismo
frente al papel en blanco pienso en pavos reales
y trato al menos de no ser brillante, pero escribo
en la medida en que odio a la literatura,
y a los autores jóvenes me gustaría gritarles
basta de farsas, ustedes entrarán también en el negocio
porque la literatura es el oficio más blando
también para quienes lo practican con odio. Miren cómo se eclipsa
un astro de primera magnitud y no pongan, en cambio
por ustedes mismos las manos al fuego Nadie ha dejado aquí
    de cumplir con su deber
salvo unos cuantos tipos repugnantes, y él que brilló hasta ex-
    tenuarse y desplumarse
mientras a pesar suyo esos gritos de protesta, necesariamente bien
    articulados
y qué, acaso ¿era el vacío su auditor? regresaban
a sus despensas convertidos en artículos de consumo
por aquellos a quienes se dirigían esos gritos
gente laboriosa en su ociosidad y pacientes
y por lo mismo, los únicos amantes
de la belleza, la gata del Olimpo.

*Figures of Speech*

## LITERATURE

When I find myself around other writers
we do little more than speak like good or bad functionaries
of Literature; one has been published
by 21st Century Books, and another, like me, the Chief Editor
will never pay him for his copyright; when I run into
Literature I don't doff my hat, I like my friends
but not one of us will go very far: nearer the horizon
where those shine who an imbecile would label
stars of the first order of magnitude.
When I run across such stars of the first order
and those peacocks shine with the necessary prudence
I'd like to invite them to puke, because writing as well as they
is to perform the blandest task. When I come upon myself
facing the empty page I think of peacocks
and try at least not to show off, but I write
to the extent of my hatred for literature,
and to young authors I would like to yell
cut it with the farce, you too will enter the business
because literature is the softest of jobs
even for those who can't stand its work. Look how one
star of the first magnitude is eclipsed and don't turn around
and stick your hands in the fire Nobody has managed to do his
                                                            duty
   except for a couple of repugnant types, and he who shone stretched
                                                           out and plucked
while in spite of his shouts of protest, necessarily well articulated
and what, perhaps the void was his audience? they returned
to their pantries converted to consumer goods
by those for whom his calls were meant
industrious people in their idleness and afflictions
and for that reason, the only lovers
of beauty, the olympian cat.

*Figuras de palabras*

Las siete vidas del poeta bastan y sobran
para convertir a un terrorista en un hombre de orden
      pero la Literatura
es de por sí lo contrario de un verdadero escándalo
a lo sumo una buena inversión de la historia
para los raros momentos en que se repliega la barbarie
y el heroísmo de la oposición deja de ser sobreestimado
los espíritus sensibles brotan entonces como hongos
conmovidos por el testimonio de los tiempos oscuros.

*Figures of Speech*

The seven lives of the poet are enough and more
to turn a terrorist into a regular guy but Literature
is all the same the reverse of an actual scandal
at the most a good investment in history
for those rare moments when barbarity doubles back
and heroism in opposition stops being overly esteemed
sensitive souls sprout then like mushrooms
moved by the testimony of shadowy times.

*Figuras de palabras*

## POR FUERZA MAYOR

Espero que estos poemas hayan sido escritos
por fuerza mayor, con las insuficiencias del caso.
Pude haber fracasado, pero no me perdonaría
si lo hubiera hecho más allá de los límites
de una cierta sinceridad que incluso le está permitida
        a las palabras;
y pocas veces creí que pudiera reescribir una tan vieja
        expresión
así, de una manera natural.
Veo declinar un verano donde por fin existió
y hay el nudo de ella en mi garganta
que nunca aspiró al canto pero tampoco a la fría especulación.
Las exageraciones me parecen justificables, en realidad
        vivimos de ellas, cada cual a su manera
así como se muere de los excesos del sentido común.
El mar y el sol, por ejemplo, son naturalmente
        exagerados
o si se quiere: retóricos
mientras que de locos razonantes tenemos ya
        la más peligrosa abundancia.
Luego todos los artificios del lenguaje
—y el lenguaje mismo es el primero de ellos—
quisieron ponerse aquí al servicio de la poesía
que no es ni artificial ni natural;
tierra de nadie a lo mejor pero un lugar común
        en que esos polos se tocan
y en el mejor de los casos por fuerza mayor.

*Figures of Speech*

## BY AN UNCONTROLLABLE FORCE

I hope these poems have been written
by an uncontrollable force, with the inadequacies
        of such a case.
I may have botched them, but will not forgive
myself if I have done so beyond the bounds
of a certain sincerity that even the words
        are permitted;
and seldom did I believe I could write in such a
        dated manner
as this, naturally.
I see a summer fade where it finally existed
and its knot is now in my throat
that never aspired to song yet neither to cold
        speculation.
Overstatements strike me as justified, in truth
        we live by them, each in his way
just as one can die of an excess of common
        sense.
Sea and sun, for instance, are naturally
        exaggerated
or if one wishes: rhetorical
while of the logical mad we already have
        the most perilous supply.
Soon all the tricks of language
—and language itself is the original artifice—
wanted to place themselves here at the service
of a poetry that's neither artificial nor natural;
a no-man's land it may be but a familiar spot
        where those poles have come to touch
and in the best of cases by an uncontrollable force.

*Figuras de palabras*

## UN MUNDO DE PERSONAS QUE YO IGNORO

Un mundo de personas que yo ignoro
como me reconozco en la ignorancia
que ellas tienen de mí con su abundancia
de igualdades me igualan: canto en coro.

Sus voces son las que repito: un loro
inigualable por la resonancia
con que pela su grito, la distancia
así rasgada por un pico de oro.

Privilegiado pájaro de cuenta
y tantos cuentos, que no canta y cuenta
entre los cuasi monstruos naturales;

emblema o no, pero de la violenta
inclinación humana representa
lo mismo: el loco de los animales.

*Figures of Speech*

## A WORLD OF PERSONS THAT I DO NOT KNOW

A world of persons that I do not know
as I recognize myself in their ignorance
of me, they with their abundance
of likenesses equal me: I sing in cho-

rus. I repeat what their tongues have told:
an unmatched parrot by the resonance
of the scream he renders, the distance
ripped apart by his beak of gold.

Privileged big-shot who counts in the tale
and so many stories, sings not and figures
among those nearly natural monsters;

emblem or not, even so he still
stands for the same inclination so brutal
and human: mad one of all the creatures.

*Figuras de palabras*

## YO LE DIJE AL AUTOR DE ESTOS SONETOS

Yo le dije al autor de estos sonetos
que soy una camisa de once varas
gato de siete vidas y dos caras
nada que ver con rimas y cuartetos.

Informal, mis secretos son secretos
y no palabras ni palabras raras
de *estas* que cuestan poco y son tan caras
a un roedor de oscuros mamotretos.

Pero el tal, sordo y mudo, me escribía
con el hueco orejero de una mano
pegado al rastro de una borradura

sobre el desierto del papel que hervía
de mi cólera suya: andar en vano
detrás del propio ser sin su escritura.

*Figures of Speech*

## TO THE AUTHOR OF THESE SONNETS I SAID

To the author of these sonnets I said
I'm a cat with nine lives and two faces
nothing to do with rhymes and stanzas
I've gotten myself in over my head.

Informal, my secrets are secrets
and not words not certainly like *these*
so rarified costing little yet their expenses
exorbitant to a gnawer of obscure hefty texts.

But the guy, deaf and mute, wrote to me
with the cupped hollow of a hand
glued to the trail of an erasure

over the paper's desert that seethed
with my anger his own: to walk in vain
behind his very self minus his literature.

*Figuras de palabras*

## LOS APARENTES DÍAS DE VERANO

Los aparentes días de verano
que por la superficie del mar fluyen
y que como las nubes se diluyen
cuando no sopla el viento, en lo lejano

ni son hijas del tiempo cotidiano
ni de la eternidad de quienes le huyen
destemporalizándo y arguyen
como si todo fuera, en vano, un vano.

Empozando los días con los días
la veraniega ociosidad nos mete
de cabeza en el fondo de una noria;

se nos olvidan las cronologías
y aquí abajo las cosas se entrometen
todas en la crueldad de la memoria.

*Figures of Speech*

## SUMMER'S APPARENT DAYS

Summer's apparent days
that flow on the foil-surfaced sea
and dissolve as the clouds when free
from the puffing of wind, off there a ways

are neither sons of the daily phrase
nor of the eternity of those who flee
the temporal in timelessness and controversy
as if every door were a useless space.

Dumping the days in the days' deep pit
the sluggish summer thrusts us
headfirst down in the well;

chronology is a fact we soon forget
and any and everything here below butts
in with memory's meddling hell.

*Figuras de palabras*

## MAUSOLEO

Puerta de piedra de este mausoleo
imposible de abrir: una escultura
Muerte alienada a la literatura
que retorizas todo lo que veo.

El cementerio—abierto—es libro y leo
—una página cada sepultura
atroz de lapidaria—en mi lectura
el duro esfuerzo por cegar el feo

vacío del que todo forma parte
La puerta burdamente metafórica
(esté abierta o cerrada da lo mismo)

es lo contrario de una obra de arte
cualquiera, con un poco de retórica
enmarca en ella el cielo o el abismo.

*Figures of Speech*

## MAUSOLEUM

Stone door of this mausoleum
impossible to open: a sculpture
Death alienated to literature
you turn all I see into rhetorical rheum.

The cemetery—open—is a book I read tomb
by tomb—a page for each sepulcher
each atrocious lapidary structure—
my reading's hard task to wall the ugly womb

void of which all forms a part
The door coarsely metaphoric
(let it be open or shut it's just the same)

is the opposite of a work of art
whichever, with a bit of rhetoric
encloses within it heaven or abysm.

*Figuras de palabras*

## QUE SERÍA DE MÍ SIN MIS PALABRAS

Que sería de mí sin mis palabras
sin mis pequeños signos de impotencia,
yo a quien ni tan siquiera la impaciencia
de una espera es posible. Mientras labras

tu ausencia aquí, a mi lado, sordamente
mudo a los menos yo no estoy: te escribo
y en el morir de la palabra arribo
al pasivo delirio en que demente

voy llenando este hueco que me haces
en carne propia con la tuya, el cuerpo
de una escritura que se te parece

y no se te parece, escrita yaces
hecha de nada en un cuaderno muerto
en el que mi palabra desfallece.

*Figures of Speech*

## WHAT WOULD I BE WITHOUT MY WORDS

What would I be without my words
without my tiny signs of impotence,
I for whom not even the impatience
of hope is possible. While you work

your absence here, at my side, deafly
mute I at least am not: you I write
and in the dying of the word arrive
at the passive frenzy in which dementedly

I go filling this hole that in my flesh
you make for me out of your own, the body
of a writing that so seems to have your look

and doesn't resemble you, written you stretch
out made of nothing in a dead copy-
book in which my word grows weak.

*Figuras de palabras*

## SUEÑO Y VARIACIONES

    Me despierto a las cuatro de la mañana, no porque
        los sueños—variaciones sobre tu persona—
sean exquisitamente intolerables; me ocurre, de otra
        manera, lo que a Fernando de Herrera
a quien la imagen del ser querido encendía "un deseo
        de gozar la belleza amada"
al punto de transformarse, al fin, en ella.

    En mi sueño de transformista despierto convertido
        en ti
sobreexcitado por esa transformación que no dura
        más de unos segundos pero me desvela
y me arroja a la escritura, un modo
aunque insuficiente de prolongar el misterio:
la representación del otro por su ausencia
que encarna en la palabra.

*Figures of Speech*

## DREAM AND VARIATIONS

   I awake at four in the morning, not because
        my dreams—variations on your self—
may be so exquisitely intolerable; it occurs to me
        in another way what came to Fernando de Herrera
whose image of his beloved burned in him "a desire
        to enjoy the beauty loved"
to the point of being transformed, in the end, into her.

   In my transformist dream I awake turned into you
        overcharged by that change that lasts no
longer than a few seconds but awakens me
        and drives me to the writing, a means
though insufficient of prolonging the mystery:
representation of the other by whose absence
is the word made flesh.

*Figuras de palabras*

## EL MURO DE LOS LAMENTOS

Culpable de un cuanto hay
y reconocido tránsfuga de todo
—"los poetas cultivan su neurosis"—
hora es de hacer exámen de inconsciencia.

Quizá seas tan viejo como aquellos que peinan
sus canas prematuras o su calvicie: espejo
de algo más que los siete pecados capitales.

Haber perdido en el camino todos
los caminos reales
por esta irrealidad de hacer poemas
que no llevan al cielo ni al infierno
sino a zarzas y espinas, a este campo
de tus concentraciones.

Culpable del silencio que rompes ¡para esto!
de la literatura en general
de los viajes que esperas hacer y que ya has hecho
de las mujeres por cuyo bien arrancas
a ojos de tu madre todopoderosa
a ojos de tu padre, que no lo es
a ojos, igualmente, de tu hermano
a ojos de tu hermana.

Y la cosa política
¿Qué no dirías tú de la masacre
si tu ángel de la guarda no soplara a tu oído:
mejor quedarse en cama
a esta hora en que reclutan a los muertos
a los gloriosos a los lacerados?

¿Qué harías tú en el Apocalipsis?
Tienes todo el aspecto de la duda en persona

*Figures of Speech*

## THE WAILING WALL

Guilty of whatever there is
and admitted fugitive of all
—"the poets cultivate their neuroses"—
the hour's come for non-conscience to take the test.

Maybe you're old like those who comb their
premature grays or their baldness: mirror
of something more than the seven deadly sins.

To have lost on this excursion all
the reality roads
on the unreal one of making poems,
which wouldn't bring you to heaven nor to hell
but to the briars and brambles, to the camp
of your concentrations.

Guilty of the silence you break—for this!
of literature in general
of the trips you wait to make and have already made
of the women for whose sake you run away
in the eyes of your all-powerful mother,
in the eyes of your father, of not being one
in the eyes of your brother, of not being one
in the eyes of your sister.

And the political thing,
what wouldn't you say about the massacre
if your guardian angel didn't whisper in your ear:
it's better to stay in bed
in this hour when the recruiting of the dead's begun
of the glorious ones of the lacerated?

What would you do at the Apocalypse?
How you look like doubt itself!

*Figuras de palabras*

Dulzura del osario
donde los que se abstienen en la hora final
se abstienen, con un último suspiro, de sí mismos.

Hazlo—te dice el ángel—y, deliciosamente te sonríe
una putita de mármol en el panteón familiar.
Te declaras culpable le treta del oficio
y con tus manos de viejo
garrapateas otro poema en el muro de los lamentos.

*Figures of Speech*

Sweetness of the charnel house
where those who abstain when the final hour arrives
abstain, with their very last breath, from themselves!

Do it up right—the angel says, and deliciously smiles at you
a little marble whore in the familiar pantheon.
You declare yourself guilty it's a trick of the trade,
and with your old man's hands
you scrawl one more poem on the wailing wall.

*El arte y la vida*

*Art and Life*

## EL ARTE Y LA VIDA

Gente que gira alrededor de las piezas de museo
olvidadas de su condición de piezas de museo
y que parecen, pues, ignorar dónde están
The Metropolitan Museum of Art es una obra de arte
implementada por sus inodoros artísticos.

Somos obras de arte momentáneamente vivientes.

## ART AND LIFE

People who circle around the museum pieces
forgetful of their condition as museum pieces
and who seem, well, to ignore where they are
The Metropolitan Museum of Art is a work of art
accomplished by their artistic lavatories.

We are works of art momentarily alive.

*El arte y la vida*

## EL AMANECER 1809

    Pintar para Otto Runge
fue por años y años expurgar
de la muerte, el doble nacimiento
del planeta gemelo de sí mismo
Venus: la estrella vespertina y matutina
La virgen aria pura, calco de Boticelli
brota de un prado gótico
y a la recién nacida, el Gran Premio de la Luz
le ofrendan con sus gestos impostados
los jardineros ángeles de las rosas del día
que volados asperjan
de rosicler a la madona
ruborizada planetariamente
el río en llamas de la cabellera
llevado de unas ondas por los deditos rubios
cubre, al pasar, el montecillo
de Venus y sobre su cabeza
los precitados ángeles—es ahora el crepúsculo—
hijos recién paridos de la rosa de los vientos
dorada allá en lo alto ¿emblema de la virgen?
tomando asiento en sus amarilídeas
con no recuerdo qué instrumentos:
cítara y flauta, caramillo y trompeta
e ilustran un concierto que Otto proyectaba
ofrecer de verdad a los amantes
de El Amanecer, como música de fondo
Luego (si cabe, en pintura, esta palabra)
y para terminar, los angelitos
vuelven a los abrazos en los pétalos de un enorme narciso
que toma los colores dorados del azul
Porque ahora es de noche
y la noche es de niña, ésa en que se convierte
coronada de otras estrellas, la señora
del firmamento: dulce, infatigable.

*Art and Life*

**DAWN 1809**

    Painting for Otto Runge
was year after year a purging
of death, the double birth
of his own twin planet
Venus: the evening and morning star
The virgin a pure aria, a tracing of Botticelli
sprouts from a gothic meadow
and to the recently born, the Grand Prize of the Light
the angelic gardeners of the day's roses
make an offering with their trained gestures
in flight sprinkling
the planetarily blushing Madonna
with a ruby-silver glow
as the river in flames of her tresses
carried on waves by little blonde fingers
covers, in passing, the mons
Veneris and upon her hand
the above-mentioned cherubs—it is now twilight—
babes recently delivered by the rose of the winds
gilded there on high      emblem of the virgin?
taking a seat in their amarylis
with I don't recall what instruments:
cithern and flute, flageolet and trumpet
infuse a concert that Otto was projecting in air
to offer properly to lovers
of Dawn, as background music
Soon (if, in painting, this word is fitting)
and for the finale, the little angels
return to the embraces of the petals of a huge narcissus
that takes on the heavens' gilded hues
Because now it is night
and night is a girl child, the one crowned
with other stars who turns into the lady
of the firmament: sweet, weariless.

*El arte y la vida*

## J.M.W. TURNER (1775-1851)

¿Quién se baña dos veces en el mismo río?
Se lo preguntó Turner pintando el río Tweed
y su respuesta fue el globo de la luz
dividido entre el agua y los fuegos solares:
el paso de la luz al fuego y a las aguas.
Este descubrimiento lo alejó de la tierra
como pintor, al menos. Venecia lo esperaba
pero estuvo aprendiéndola durante años y años
pintó primeramente los combates navales
dignos de la Academia
se distinguió en escenas alegóricas:
visiones de Jacob o de Medea
hizo sus inventarios en el Foro Romano
rememorando a Tito, fue teatral
hasta lo explícito, pero siempre atisbó
a través de esos actos finales su Principio:
en la declinación de Cartago el ascenso
de Turner, el maestro de la puesta de sol
cuya belleza atrae a los monstruos marinos.
Lo instantáneo, el momento que abrasa las sustancias
y sólo deja el rescoldo del Ser
ese incendio que viene de las nubes y el viento
y quema—desdoblado en las aguas—su imagen.

*Art and Life*


## J.M.W. TURNER (1775-1851)


Who bathes twice in the same river?
Turner asked himself on painting the Tweed River
and his answer was the sphere of light
divided between water and solar fires:
the passing of light into fire and waters.
This discovery distanced him from the land,
as a painter at least. Venice awaited him
but he was learning it for years and years
first he painted naval engagements
worthy of the Academy
distinguished himself in allegorical scenes:
visions of Jacob or Medea
made his inventories in the Roman Forum
recalling Tito, was theatrical
down to the explicit, but always saw
his Beginning by means of those final acts:
in the decline of Carthage the rise
of Turner, master of the setting sun
whose beauty allures sea monsters.
The instanteous, the moment that consumes the substance
and leaves only the embers of Being
that conflagration that comes from clouds and wind
and burns—spread out on the waters—its image.

*El arte y la vida*

## OLANA I

    Mister Frederick Church, pintor del río Hudson,
        se hizo construir (y era un naturalista
romántico: observador de las lejanías fluviales)
un palacio inventado por su visión del Oriente y un
        lago artificial
que le ofrecía *in vivo* el modelo de las aguas rizadas
por el viento o pasmadas en el hervor del crepúsculo
rojas y verdes.

    Ese paradójico millonario remoto, perdido ya en
        sus "décadas oscuras"
desvió un automóvil de la carretera
—we are beating around the bush—
Una mujer y un hombre, que se habían conocido sólo
        unas horas antes
bajaron formalmente del carro
para contemplar esa excentricidad otoñal
el paraíso artificial de míster Church
con una curiosidad a la vez aparente y verdadera.

    El invierno del Hudson resplandecía a lo lejos con
        una luz de ópalo
el frío era exquisito
y el monumento participaba de esa vivacidad
aunque pareciera, en su formalismo excéntrico, no
        más que una sombra petrificada del pasado con
arcos y minaretes pintorescos.

    El hombre y la mujer se tomaron de la mano mientras
        hablaban de otra cosa

Sintieron que ese pequeño contacto otoñal los redimía
        de las *elusiones*
ofreciéndoles, por fin, un buen motivo de conversación

*Art and Life*

# OLANA I

    Mister Frederick Church, painter of the Hudson River,
        decided to construct (and he was a naturalist of
the romantic school: observer of the fluvial distances)
a palace invented by his vision of the Orient and
        an artificial lake
that offered him a living model of waters rippled
by the wind or stunning in the fire of sunset's
reds and greens.

    That paradoxical millionaire of the past, now lost
        in his "dark decades"
an automobile turned off the highway
—we are beating around the bush—
A woman and a man, who had only met a few hours
        before
got out of the car in a formal way
to contemplate that autumnal eccentricity
the fake heaven of Mister Church
with a curiosity both apparent and real.

    The Hudson winter glistened remotely with
        an opal light
the cold was exquisite
and the monument partook of that vivacity
though it seemed, in its eccentric formalism, no more
        than a petrified shadow of the past with
picturesque arches and minarets.

    The man and woman held hands while talking
        of something else.

They felt that small autumnal contact healed them
        of their *evasions*
offering them, at last, a good excuse for conversation

*El arte y la vida*

que no los desviara de lo esencial en el tema
Pudieron presentir que el invierno no sería nunca la
    estación helada


## OLANA II

    Nuestro lugar en las alturas
se encuentra bajo el nivel de la cama, en un improvisado
        lecho nupcial
sobre el que transita la luna envuelta en una rejilla
        contra los mosquitos, su traje de piqué y tules
eternamente implicada en todos los excesos.

    Pernoctamos en la otra cara, oscura, de Olana:
        nuestro lugar aquí abajo
en las antípodas de ese simulacro de castillo medieval:
        fortaleza anglosajona de la férrea vida doméstica
en la época del romanticismo y sus ensueños de piedra
asentados en la colina, empinados hacia la luna.

    Comparada con la mansión del maestro del Hudson
        (una mirada aquilina planeando sobre las colinas
        y el río)
la nuestra no es ni siquiera parte del sitio provisional
        en que se extiende
nuestro lugar en las profundidades
    La Olana en que perpetramos esta vigilia bajo la luna
es de nada
sus piedras brotan de una cantera de palabras
material que recortamos con el aliento, mientras más
        vivo menos lapidario.

    El mirador en la torre señera—sinécdoque del pintor—
        en el caso de nuestra Olana
    —la ciega—se erecta y busca, como un gato fatigado

that would not divert them from what was essential in the theme
They had a premonition that winter would never be
        the cold season


## OLANA II

   Our place in the heights
is found below bed level, in an improvised nuptial couch
over which the moon journeys wrapped in a net against
        the mosquitoes, dressed in quilting and mesh
eternally entangled in every excess.

   We pass the night in the other, dark face of Olana:
        our place here below
at the antipodes of that simulated medieval castle:
        Anglo-Saxon fortress of the iron domestic life
in the age of romanticism and its rocklike dreams
seated on the hill, lifted moonwards.

   Compared with the mansion of the Hudson master
        (an aquiline look gliding over the hills and river)
our own is not even part of the provisional site which stretches
        beyond
to our place in the depths
   The Olana where we carry on this vigil beneath the moon
is nothing much
its rocks sprout from a quarry of words
a material we chip off with our breaths, when more
vivid less lapidary

   The balcony on the solitary tower—synecdoche of
        the painter—in the case of our Olana
—a blind one—grows erect and seeks, as a cat wearied

*El arte y la vida*

       por el sol, el éxtasis en la sombra
de la casa que formamos de entrambos cuerpos, la vagina
       es el living
que en la histórica Olana se abre a todos los aposentos
       de la casa y en tí, a todos los poros del cuerpo
que tienen en común nuestros cuerpos comunicantes.

And we are closed: si se nos pudiera visitar de aquí
       a cien años como a una dudosa obra de arte,
       "nuestro lugar en las alturas" sería como
si al entrar, ayer, en la casa de Church, entre otros
       visitantes, ese monumento pasto de las des-
       cripciones
descriptible por su exterioridad, hubiera podido re-
       primir
la cháchara de los guías, penetrando a su vez en noso-
       tros, los visitantes

Como si—incomparables con esas palabras: la cháchara
       del guía—se hubieran reanimado en el interior
       de nosotros todos los miembros de una vieja
       familia:
pulsiones y pálpitos.

    En Olana, nuestro lugar en las profundidades
los guías son las bocas son las manos
de una casa balanceada en el movimiento
imperceptible del río
porque nos comportamos mutuamente como ondas,
       barcas, peces
entretejidos entre sí y entretejidos con la corriente
como náufragos liberados del terror de ese único
       instante
en que coincidirían la asfixia y el orgasmo
el chapoteo, el burbujeo, el restallido cálido de un
       agua casi quieta
contra el flanco de una vela que se desplaza

*Art and Life*

by the sun, ecstasy in the shade
of the house we build between our bodies, the vagina
        the living room
which in the historic Olana opens to every part of the house
        and in you, to all the body's pores
which have in common our communicant limbs.

And we are closed: were we a hundred years from now
        to be visited like a dubious work of art,
          "our place in the heights" would be as if
            on entering, yesterday, the home of Church, among other
            visitors, that basis of the descriptions
describable by outward appearances, would have been able to
        repress
the chit-chat of the guides, in turn sinking into
        us, the sightseers

As if —no match for those words: the chit-chat
        of the guides—within us two all the members of an
        old family had been revived:
sensations and throbs.

   At Olana, our place in the depths
the guides are the hands are the mouths
of a house rocked on the river
moving imperceptibly
since we share our mutual selves as waves,
        boats, fishes
interwoven among themselves and among the current
like shipwreck victims freed from the fear of that single
        instant
in which the suffocation and the orgasm would coincide
the splash, the bubbling, the warm smack of a
        water almost still
against the flank of a sail displaced

*El arte y la vida*

amorosamente ceñido por el agua
   Y las palabras se desmoronan en el gemido y en el
      balbuceo
Lamen el flanco, lo succionan, lo palmotean, lo varan.

   Se despidieron las visitas *casi* para siempre. Desa-
      parecieron, en verdad, todos los visitantes
porque lo que hacemos en nuestro lugar de las pro-
      fundidades
ni es de público dominio ni pertenece
estrictamente a la intimidad donde cada cual es del
      dominio—en el recuerdo—y vivamente de
      otros, en separados y lejanos Olanas.

El olvido de la memoria se hace necesario para
      ascender desde este lugar: la descontrucción
del pasado y del futuro que ceden a la presión de estas
      horas en que el presente se ensancha
y parece no fluir como el río allá, visto desde nuestro
      lugar en las alturas
—el de los otros—¡Olana!

*Art and Life*

driven by the movement lovingly
    And the words crumble in the moaning and in the
            muttering
They lap at the flank, suck it, slap it, run it aground.

    The visitors said farewell *almost* forever. Indeed,
        all the sightseers disappeared
because what we do in our place of the depths
is neither under public control nor belongs
strictly to the intimacy where each is
        the domain—in memory—and vividly of
        others, in separate and distant Olanas.

    Forgetting the memory's made necessary
        to ascend from this place: the deconstruction
of past and future that surrender to the pressure of
        these hours in which the present expands
and appears not to flow as the river there, seen from our
        place in the heights
—the one of the others—Olana!

*El arte y la vida*

**KANDINSKY 1904**

La relación de unas cosas con otras
iba borrando, poco a poco, las cosas
Versos sin palabras
Formas sin figuras.

No bien partía un barco de oro de la orilla
cuando ya no era orilla ni barco ni partía.

*Art and Life*

**KANDINSKY 1904**

The relation of some things to others
was, little by little, erasing things
Poems without words
Forms without figures.

Hardly had a ship of gold left the shore
than already there was no shore no ship no departure.

*El arte y la vida*

## WOMAN BATHING IN A SHALLOW TUB

Desnudar al desnudo
fue lo que hizo Degas
Venus Anadiomena que paseaba su triunfo
de óleo en óleo por los Salones Oficiales
sintió que ese maestro de los malos modales
descorría el telón lindamente pintado
de su cuerpo, negándole la propiedad de ser
Alcanzó a ver con horror mientras sus ojos
se descorrían
el nacimiento de Venus en una bañera:
algo muy diferente al excitante pudor
de la pose en que un cuerpo
y la ansiedad del voyeur se responden:
son una cita uno de la otra
Lo que el cuerpo tiene de ciego y que se espesa
cuando se lo sorprende por el ojo
de la cerradura
eso vio por el ojo de Degas, la ofendida:
una burguesa que se lavaba groseramente los pies.

*Art and Life*

## WOMAN BATHING IN A SHALLOW TUB

To undress the nude
was what Degas did
Venus Anadiomena who was promenading her triumph
from painting to painting through the Official Salons
felt that that master of bad manners
drew the beautifully painted curtain
from her body, denying to her her proper being
She watched with horror as his eyes
drew back
the birth of Venus in a bath-tub:
something quite different from the stirring modesty
of the pose in which a body
and the longing of the voyeur respond to one another:
they are a rendezvous of each with the other
That which the body blindly has and what grows thicker
when it is surprised by the eye
of the keyhole
that was what she, the offended one, saw through the eye of Degas:
a middleclass woman grossly washing her feet.

*El arte y la vida*

## MONET'S YEARS AT GIVERNY

No es muy clara la cara de Monet:
flota bajo el sombrero—una sombra con barbas—y los
 binoculares le licúan los ojos
horrorizados de perder su acuidad
a la hora de pintarlo todo de más oscuro.
Pero así ocurre sólo en 1926
momentos antes tiene aún setenta años. Sus retratos lo
 muestran desigual a sí mismo
abriéndonos la puerta de su finca
más bien como un cartero que lo hace suavemente desde
 afuera
con su vientre familiar o parecido
al vecino anónimo que visita a Monet:
el maestro parece ignorar en sí mismo la obra sólida
y perdurable, consagrada en 1890 a los museos:
desconstruido aspecto rural de propietario en Giverny.
Sigue el ejemplo de sus árboles: el crecimiento en la vejez,
 porque el tiempo
lejos de enajenarse en la eternidad de sí mismo
es con Monet—el manchado de sombras luminosas—
lo que por ese entonces se llamó *la duración*:
el esparcirse fecundante del tiempo en las cosas como en las
 tierras en barbecho las aguas de regadío
eternidad de momentos que se reiteran nunca iguales, el
 trepar de las rosas silvestres
por los arcos que se abren a la laguna
—The flowering arches beside the pond—
y sobre ella, en el escenario del aire, la actuación
luminosa y patética de la wisteria,
flor de la pluma.

El señor cambiante que camina hacia su obra maestra
*The water lily pond*, bajo las enredaderas de Virginia
entre los parterres de lilas y de rosas
se propone pasar a una posteridad momentánea

*Art and Life*

## MONET'S YEARS AT GIVERNY

The face of Monet is not very clear:
it floats beneath his hat—a shadow with beard—and the
                binoculars liquefy his eyes
horrified to lose their acuteness
in the hour of painting it all still darker.
But then this only happens in 1926
moments before he's yet turned seventy. His portraits
                show him unlike he is
opening the door for us to his place
more like a postman who does it softly from outside
with his typical paunch or like
the anonymous neighbor who visits Monet:
the master seems unaware of his solid
and enduring work, consecrated at the museums in 1890:
the deconstructed country look of a landowner in Giverny.
He follows the example of his trees: growth in old age,
                because time
far from keeping to itself in its own eternity
is with Monet—stain of luminous shadows—
what was referred to in those days as *for the duration*:
the fertile dispersal of time in things as in the fallow fields
                the waters of irrigation
eternal moments never repeated the same, the climbing
                of wild roses
on arches opening on the water beyond
—The flowering arches beside the pond—
and over the water, on the stage of air, the brilliant
and moving performance of the wisteria,
the plume-like flower.

The changing man who walks toward his masterpiece
*The Water Lily Pond*, beneath the Virginia creeper
between the beds of lilies and roses
proposes to pass any moment into posterity

*El arte y la vida*

No está abstraído en sí mismo
como en la captación de su propia alma los paisajistas de la
 vieja escuela
sino más bien atento a una profundidad exterior:
el agua invisible que rescatará de las aguas
para lo cual construyó hacia 1901
el Taller Número Tres: arca y represa y Arca de la Alianza
entre lo invisible y lo visible
La naturaleza y la pintura se hacen entre sí signos de equivalencia
en la misma medida en que ya no son intercambiables
A través de esa juntura divisoria
pasa de un lado al otro la mano del mago
trabajos simples como los de un buen jardinero
pero a un tiempo trucos increíbles:
hace brillar el efecto de la luz sobre la naturalidad
artificiosa de unas parvas de paja
que no pueden ser (pero lo son) imaginarias
El paso inmóvil de las estaciones
vigiladas por esos ojos cambiantes bajo el sombrero de paja
 deshecho
Ojos que serían los de un buho si la sabiduría supiera limitarse
prudentemente a verificar sus impresiones
a la luz del sol.

El señor de unos momentos después es por ahora—después—
 el señor de los lotos en la flor de su edad
avanzando hacia el doble vivero
de aguas pintadas y de aguas reales
dueño de una propiedad de la que se alimenta el regalo de su
 obra
extraterritorial
Cada día el inventario inagotable de lo que para disminuirlo
 llamaron sus impresiones
una riqueza imposible de evaluar pero no por ello menos
 amasada
en el espacio de dos o tres acres de tierra.

*Art and Life*

He is not absorbed in himself
as the landscape artists of the old school were in
                capturing their very souls
but attentive rather to an exterior grandeur:
the invisible water that will rescue the waters
for which he constructed around 1901
Workshop Number Three: cistern and dam and
                Ark of the Alliance
between the unseen and the seen
Nature and art make signs between them of equivalence
to the same extent as they no longer are interchangeable
By means of that divisive joining
the hand of the magician performs from one to the other
simple tasks like those of a good gardener
but at the same time incredible tricks:
the effect of light made to shine
                over the artificial naturalness
of haystacks
that cannot be (yet are) imaginary
The unmoving passage of the seasons
watched over by those changing eyes beneath
                the battered straw hat
Eyes that would be those of an owl if wisdom knew
                how to limit itself
to judicious verification of his impressions
by the light of day.

The man of some moments later is for now—later—
                the man of the lotus in the flower of his age
advancing toward the double pond
of painted waters and of actual waters
owner of a property that nourishes the gift of his extra-
territorial work
Each day the endless inventory of what in order to diminish it
                they have called his impressions
an opulence impossible to appraise but not for that reason
                any less well arranged
in the space of two or three acres of land.

*El arte y la vida*

## VILLA CÁNCER

Su nueva casa no es todavía la muerte pero tampoco comunica
        ya por ningún poro con el exterior
—puertas y ventanas dibujadas por Francis Bacon—
Villa Cáncer
de acero inoxidable
aislada del más mínimo grano de tierra por la barrera del dolor.
La vida es, mientras dura, infranqueable:
ese poco de tierra ausente y húmeda que representa su madre
        para ella
la compañía que se prefiere con desesperación
entre morfina y morfina.

La muerte que a un lado y otro del presente eterno
sólo puede anunciarse pero no llegar en el tiempo
no abrir una puerta donde no la hay
ni una ventana pintada por Bacon.
Sólo mi mamá puede infiltrar su sombra en esa casa de acero
sentar su ausencia desesperada junto a la eternidad de la agonía
—Lying figure with hypodermic syringe—
figuras separadas por un espejo en el que no se sabe cuál de
        las dos es
la imagen proyectada
desde el exterior de esa escena horrorosamente interior.

*Art and Life*

## CANCER VILLA

Her new home still isn't death but neither does it communicate
    now with the outside through any pore
—doors and windows drawn by Francis Bacon—
Cancer Villa
of stainless steel
separated from the least particle of earth by the barrier of pain.
Life is, while it lasts, impassable:
that bit of absent and humid earth that for her represents her
    mother
whose company she desperately prefers
between morphine and morphine.

Death on one side or other of the eternal present
can only announce itself but never come into time
neither open a door where none exists
nor a window painted by Bacon.
Only my mother's shadow can pass through that house of steel
to seat her desperate absence beside the eternity of agony
—Lying figure with hypodermic syringe—
figures separated by a mirror where it isn't known which
    of the two is
the image projected
from the outside of that horrifyingly interior scene.

*El arte y la vida*

## PARA ADRIANA

    Te recuerdo
de espaldas al East River (Naciones Unidas, comedor
    colectivo) y pienso
que si ha pasado de extraña manera tanto tiempo se debe
a que la Utopía es acrónica e intemporal
—así fuera de allí—el río del tiempo
Nuestra asociación se la debemos a Utopos:
participa de la antisustancia de una ciudad en que no hemos
    pernoctado
para vivir sino para soñar que nos encontramos en ella
    Esos días presentaron algunos
de los inevitables inconvenientes del presente
pero Taprobana se transparentaba en ello, fundiéndose, bajo
    la nieve
como en una campana de vidrio
con Manhattan en días de navidad y año nuevo
Tiempo congelado que no iba a venir pero que se deslizaba
    con la puntualidad espacial
de las horas en las novelas, y cálido
bajo una costra de hielo
    Dormíamos bien (ahora estoy constantemente despierto)
para no malgastar los días y las horas
Seguíamos, en esto, tu ajustada noción del tiempo
que yo habría podido arruinar, tomándolo
por una carrera de plazos
Te ceñías a él como el diseñador a un modelo
y no a la precipitación de algo oscuro y perturbador
que se repita desigual a sí mismo, formalizado por el rigor
de la ley que sonríe en las cajitas de Joseph Cornell
En ellas una cuerda de reloj
dedales e insectos, bolitas de vidrio
la copa quebrada
se reintroducen en la realidad, transfigurados en los
    elementos de algún sistema interplanetario

*Art and Life*

## FOR ADRIANA

   I remember you
with your back turned on the East River (United Nations,
     collective dining room) and I think
that if so much time has passed in such a strange way it is due
to the fact that Utopia can't be chronicled and is atemporal
—thus outside of there—the river of time
We owe our association to Nowhere:
it partakes of the anti-essence of a city where we haven't spent
     the night
for living but for dreaming that we are in it together
   Those days introduced a few
of the present's inevitable inconveniences
but ancient Ceylon showed through them, fusing itself, beneath the
     snow
as in a bell-shaped glass
with Manhattan in the days of Christmas and New Year's
Frozen time that wasn't to come but that slipped by with the
     spacial punctuality
of the hours in novels, and warm
beneath a scab of ice
We slept well (now I am always awake)
not to waste the hours and days
We followed, in this, your adjusted notion of time
that I would have been able to spoil, by taking it
for a race in installments
You fit yourself to it as the designer to a model
and not with the haste of something dark and disturbing
that is repeated unlike itself, formalized by the strictness
of the law that smiles in the little boxes of Joseph Cornell
In those a watch spring
thimbles and insect wings, small glass balls
the broken goblet
reenter reality, transformed into elements
    of some interplanetary system

## *El arte y la vida*

como en una oficina de objetos perdidos
para siempre desde el punto de vista de su identidad
Lo que pudo no ser más que detritus y, en el tiempo, fechas
inmemorables, fue datado en la eternidad de esas cajas
transfigurado en un efecto de joyas
algo que nos devuelve nuestra propia mirada
desde la otra orilla de la proporción
mínimamente enorme
en su eternidad momentánea
gracias a ti.

*Art and Life*

as objects in a lost and found
forever from the point of view of their identity
What couldn't be any more than fragments and, in time, un-
rememberable dates, was reckoned in those boxes' eternity
transfigured as in a setting of jewels
something that returns to us our gaze
from the other shore of a sharing
minutely enormous
in its momentary timelessness
thanks to you.

# *Monstruo de Brooklyn*

*Brooklyn Monster*

*Monstruo de Brooklyn*

## EUROPEOS

Esa gente se cree que somos transparentes
y para su tormento lejanamente salvajes
Orientan hacia nosotros sus pequeñas narices despectivas
en las que brilla algo así como el sentido de una culpa
ante sus propios excesos de curiosidad intelectual
sudan pero lo hacen por tropicalizarse
bajo ese sol un huevo recocido
y se muestran espléndidas aunque se trate de exhibir
    sus propias vísceras en la célebre mesa de
    operaciones
cosa que hacen con una técnica envidiable

Una película de Godard es después de todo una
    película de Godard
"El status escencialmente arbitrario de todo sistema
    lingüístico"
obliga a hablar con la boca cerrada
y a no decir nunca nada que no nos hagan decir
Las palabras son cosas o no son más que mensajes
pero, claro, también la antinovela es una mierda
Esas narices se orientan hacia las regiones devastadas
con un desesperado sentido del humor
Paternalizarían pero se sienten huérfanos
No pueden evitar que la sangre les llegue mezclada
    al olor del cloroformo
Cloroformizan todo lo que huelen
reducen el dolor a la imagen del dolor
No es la realidad es su descripción la que aparece ante
    su vista
y eso cambia a cada nuevo enfoque
según la mayor o menor habilidad del que toma la película

A propósito de Godard me confieso equivocado
Cuánta habilidad y qué manera de echarle para adelante

*Brooklyn Monster*

## EUROPEANS

Those people believe we can be seen through
and for their torment are remotely savages
They turn toward us their small snubbing noses
on which shine something like the sense of a fault
under whose own excesses of intellectual inquisitiveness
they sweat but do so to cultivate a tropical look
beneath that sun a well-cooked egg
and show themselves splendid even though it call for
        exhibiting their very insides on the celebrated
        operating table
a thing they do with an enviable technique

A film by Godard is after all a film by Godard
"The status essentially arbitrary of every linguistic system"
makes it necessary to speak with the mouth shut
and not to say anything ever they don't make us say
Words are things or are no more than messages
but, sure, the anti-novel is shit as well
Those noses turn toward the ravaged regions
with a desperate sense of humor
They would be paternal but feel themselves orphans
Are unable to avoid the way the blood reaches them mixed
        with an odor of chloroform
They chloroform everything they smell
reduce pain to an image of pain
Not reality but its description appears to their sight
and that alters with each new focus
according to the greater or lesser ability of the one who's making
        the film

Apropos of Godard I confess that I'm wrong
How expert and what a way of pursuing

## *Monstruo de Brooklyn*

sin concesiones a las profundidades por las que pasea
    un ojo clínico
a poco preciosista pero rápido y tenebroso
Esa gente esa dama francesa esas narices como
    antenas de dama y estiletes o radares
instrumentos de una extraordinaria precisión pero
    condenados por ahora al juego al ocio a la
    indagación,
hablo de ella que muy bien alimentada,
apetecible como un jamón crudo de ojos azules
me confió en momento de cordialidad que Europa
    estaba muerta
Todo estamos muertos—repetía—aunque sus
    grandes piernas gritaran lo contrario
y su nariz aleteara extasiada de trópico
con una modestia ocasionalmente ejemplar entre
    sus congéneres transatlánticos
despojada de los excesos de la curiosidad intelec-
    tual como ocurre por ley
cuando una mujer de cincuenta años viaja
sea francesa o no universalmente sola
Quiero decir qué destino histórico,
y parecía avergonzada de su humanitarismo de
    izquierda
por el que, con una técnica impecable, habría
    podido exhibir nobles sentimientos abstractos
    contra los cuales se retorcía graciosamente las
    manos
como una imagen patética de la Sexta República
    indecisa entre nacer o morir
Le dije a la Francia Eterna que no se diera por muerta
A la luz de las nuevas conquistas del marxismo
sus propios hijos, especialistas de fama internacional
etcétera, y tú—me dijo—qué me aconsejas
Bueno—le dije yo—usted lo sabe muy bien
el Tercer Mundo necesita de una publicidad adecuada
y en eso porqué no eres más modesta y te decides
    a aportar tu granito de arena

*Brooklyn Monster*

without yielding to the profundities through which a clinical
      eye wanders
a bit precious but quick and shadowy
Those people that French lady those noses like
      a lady's antennas and stilettos or radars
instruments of an extraordinary precision but
      condemned for now to a game to a diversion to
      an inquiry,
I speak of her who very well fed,
tempting as a raw blue-eyed ham
confided in me in a moment of intimacy that Europe
      was dead
We're all dead—she repeated—even though her
      wonderful legs shouted to the contrary
and her nose flitted ecstatic over tropics
with a modesty occasionally exemplary among
      her transatlantic kind
stripped of the excesses of intellectual curiosity
      as ever happens
when a woman of fifty travels
universally alone be she French or not
I want to say what a historic fate,
and she seemed ashamed of her leftist humanitarianism
wherein, with an impeccable technique, she could
      have shown noble abstract sentiments against which
      she graciously wrung her hands
like a pathetic image of the Sixth Republic indecisive
      between birth and death
I said to Eternal France not to give herself up for dead
In light of the new conquests of Marxism
her own sons, specialists internationally famous
etcetera, and you—she told me—how you advise me
Fine—I said to her—you know very well
the Third World needs adequate publicity
and on that count why aren't you more modest come on and
      contribute your grain of sand

*Monstruo de Brooklyn*

Luego, como yo no era el elegido, la Dama de las
 Camelias se me escapó de las manos
como a un torpe el montón de manzanas en que
 apoya distraidamente el codo.
Esa gente se cree la muerte
Hasta para morir lo hace en el espejo ante las
 cámaras
Necesita ver necesita que la vean
No es la realidad la que tiene un sentido
sino quizá su imagen, su forma o su antiforma
Esas narices atraviesan un témpano con la mayor
 naturalidad atraídas por el sol de los incompren-
 sibles países
en que todavía existen los fotógrafos ambulantes
 y hasta se adora una vaca
o se lucha a muerte en la montaña recién desa-
 cralizada
un monumento crudo ni romántico ni gótico
Saben tanto de nosotros como nosotros de ellos
pero aman la libertad y recuerdan la barbarie

*Brooklyn Monster*

Later, as I wasn't the chosen one, the Lady of the
        Camellias slipped through my fingers
like the pile of apples on which a lazy fellow unconsciously
        rests his elbow.
Those people haughtily believe they're the cat's pajamas
Even in dying they do it before a mirror in front
        of the cameras
They need to see they need to be seen
It's not reality that has any meaning
but perhaps its image, its form or its anti-form
Those noses cross an ice floe with the greatest of
        ease attracted by the sun of incompre-
        hensible countries
where the traveling photographers still exist
        and even a cow is worshipped
or a fight is to the death on a mountain recently
        desecrated
a crude monument neither romantic nor gothic
They know as much about us as we about them
but they love liberty and remember barbarism

*Monstruo de Brooklyn*

**PARA RIGAS KAPPATOS**

> In memoriam de su gato Athinulis, este poema
> escrito en vida del animalito.

El amigo Athinulis, anciano de doce años
vive nerviosa, parsimoniosamente no en una calle del East Village,
porque sus ojos fluorescentes no han visto nunca 10E, 15 Street,
ni en una casa que forma parte de su ignorancia tan
esmerada como una educación.
Su movilidad y su conciencia abarcan exactamente
como si él fuera el cuerpo y el espacio sus vísceras:
el apartamento 2 D y los movimientos de su dueño nuestro amigo
                              Rigas Kappatos
quien para no intranquilizar a su viejo *room mate*
conserva la calma aprendida a modo de exorcismo
contra las veleidades del mar, en sus largas travesías entre el
                              Pireo y el mundo
—marino y poeta—
un hombre que habría cultivado esa difícil adquisición: la
                              tranquilidad
como aprendiz de lenguas en la torre de Babel.

Pero Athinulis, que en otra ciudad menos celosa de sus animales
                              domésticos
            habría podido ser verdaderamente un gato
necesita como un adicto de su droga más que un mar en calma,
                              un mar de calma
Padece—lo dijo Valéry de Rilke—de una familiaridad excesiva
                              con el silencio
y, por su parte, con la inmovilidad
de la que gustan, en general, los gatos, pero para saltar de ella
                              a la lucha
              y al coito, al vagabundeo o la caza
esas acciones disparatadas (reflexiona Athinulis).
El es más bien una rareza ontológica

*Brooklyn Monster*

## FOR RIGAS KAPPATOS

> In memory of his cat Athinulis, this poem
> written when the little animal was still alive.

Friend Athinulis, old at twelve years of age
lives nervously, frugally not on a street in the East Village,
because his flourescent eyes have never seen 10 E, 15th Street,
nor in a house that forms part of his ignorance as pains-
taking as an education.
His movement and his awareness embrace exactly
as if he were body and his innards were space:
apartment 2 D and the comings and goings of his owner our friend
                                        Rigas Kappatos
who not to disturb his old *room mate*
preserves the calm understood by exorcism
against the whims of the sea, in his long voyages between
                        the port of Athens and the world
—sailor and poet—
a man who would have cultivated that difficult acquisition: tranquility
like an apprentice of languages in the Tower of Babel.

But Athinulis, who in another city less jealous of its domestic animals
                        truly would have been able to be a cat
needs like a drug addict more than a calm sea, a sea of calm
He suffers—Valery said it of Rilke—from an excessive familiarity with
                                                silence
and, for his part, with the immobility
that cats, in general, take pleasure in, except for leaping from it into a
                                        fight and into
                        coitus, prowling at night or hunting
those nonsensical acts (Athinulis reflects).
He is more precisely an ontological rarity

## Monstruo de Brooklyn

indefinida criatura que como un Hamlet con cola y orejas
                          puntiagudas
pero sin garras en sus patas delanteras, ha incorporado—dice
                          Rigas—demasiados
       elementos humanos a su papel de gato
pues no ha conocido en su vida de anacoreta a ningún otro
                      hermano de raza, como
          no sea ese gato ausente que le devuelve el espejo
que se le acerca y se le aleja mutuamente sólo una imago
—el no gato fantasma—
y de todas las personas que ha conocido ninguna ha dejado de
               cometer el error de tratarlo sin el respeto que
                        exige su indecisión en el ser
la hiperestesia nerviosa de una especie de sabio
que al revés de Sócrates responde al imperativo anticategórico:
ignórate a ti mismo.

El anciano y desgatizado Athinulis no se reconoce en los hombres
                      que lo tratan como gato.
Orienta su identidad por la de Rigas Kappatos, el antiguo
navegante
de gestos y palabras pausadas, convertido en el faro que evita
el naufragio del gato en el no ser
Rigas mima al animal y, hasta cierto punto, lo mima
en el sentido griego de la palabra: imitación.
Momentos hay en que parecen convergentes y el poeta se recluye
                      como en un barco en su casa
para cuidar de las palabras tal Athinulis de su pelaje y sus bigotes
Ninguno de los dos se distrae entonces de la tarea de esa
                      pulcritud silenciosa
El mundo se retira de su alrededor y hombre y gato se lo
                      incorporan con la lengua y el lenguaje
ofrecen de él una definición negativa:
palabras el uno, lengüeteo el otro:
la presencia de un interlocutor invisible en el desdoblado cuerpo
                      del poema
y desdoblamiento de Athinulis que encuentra en sí mismo, bajo
                      la lengua, a un gato

## Brooklyn Monster

an indefinite creature like a Hamlet with a tail and pointed ears
but without claws on his front feet, he has embodied—Rigas says—
                too many human elements into his cat role
since he hasn't known another in his anchorite life
                no brother of his race, unless it be
                that absent feline the mirror returns to him
that comes near and moves away reciprocally a mere imago
—the phantom no-cat—
And of all the persons he's known none has failed to commit the error
of treating him without the respect his indecision requires in being
the nervous exaggerated sensibility of a species of sage
who contrary to Socrates responds to the anti-categorical imperative:
Don't know thyself.

The old and uncatted Athinulis is not recognized among men who treat
                him as a cat.
He directs his identity through that of Rigas Kappatos, the ancient
                mariner
of deliberate gestures and words, converted into the lighthouse that
                prevents
the shipwreck of the cat in the not to be
Rigas imitates the animal and, up to a certain point, he imitates him
in the Greek sense of the word: imitation.
There are moments when they seem to converge and the poet secludes
                himself as in a ship in his house
for grooming the words just as Athinulis does his coat and his whiskers
Neither of the two is distracted then from the task of that silent
                pulchritude
The world withdraws from around them and man and cat sail it together
                with tongue and language
offer it a negative definition:
the one of words, the other of licking:
the presence of an invisible speaker in the outspread body of the poem
And the stretching out of Athinulis who finds in himself, under his tongue,
                another cat,

## Monstruo de Brooklyn

otro, pero moldeado en su carne y en sus huesos
vaciado, sobre todo, en su piel.

El resto para el gato que envejece a la vez en el reposo y en la
                                      ansiedad
es la práctica de los signos que recuerdan a Rigas
los deberes y los derechos del capitán
Le reprochan sus prolongadas estadías en el ignoto puerto de
                             Nueva York, la nada para Athinulis
la misma que juega con él en las horas vacías
cuando la nada es el gato y el gato, el ratón.

El solipsismo absoluto del anciano lo lleva a confundir sin duda
                                a Manhattan
con una inaccesible gatunidad, rival de la suya:
un gato macroscópico
esperaría a Rigas en la puerta de calle si las tres últimas palabras
                                tuvieran algún sentido
y no los trabajos y los días de Kappatos, que por estos plazos
                                hace un esfuerzo supremo
por instalar "El Festín de Esopo", un segundo restaurán, cerca
                                de Columbia University
anonadado por los burócratas
Ninguna relación puede hacer Athinulis entre ese festín y el que,
                                a pesar de tales ausencias
se le ofrece con puntualidad bajo la especie de alimento para
                                gatos
Su apetito—si lo tiene—se eclipsa a la vista de la conocida mano
bajo la cual arquea el lomo
y, en reciprocidad, él pone su pata sobre el pecho del hombre
                                sentado
en un cierto sentido, su propiedad.

*Brooklyn Monster*

but molded of his own flesh and bones
shaped, above all, in his skin.

For the cat that ages at the same time in repose and in nervousness
the rest is the practice of the signs that remind Rigas
of the captain's duties and rights
His extended layovers in the unknown port of New York reproach him, for
                                            Athinulis the same nothing
that plays with him in the empty hours
when the nothing is the cat and the cat, the rat.

The absolute solipsism of this old fellow causes him without a doubt
                                            to confuse Manhattan
with an inaccessible catness, rival of his own:
a macroscopic cat
would await Rigas at the street door if those last three words had
                                            any meaning
and not the labors and days of Kappatos, who during this time makes
                                            a supreme effort
to install "The Feast of Aesop," his second restaurant, near Columbia
                                            University
overwhelmed by bureaucrats
Athinulis can make no connection between that feast and the one,
                                            despite so many absences
is offered him punctually in the form of cat food
His appetite—if he has one—is eclipsed at the sight of the familiar hand
beneath which he arches his back
and, in return, places his paw on the chest of the seated man
in a certain sense, his property.

## MONSTRUO DE BROOKLYN

Un tren para sí solo tiene el monstruo que toma
su metro en Brooklyn, al que nadie más sube
cuando lo ven a través de los vidrios escritos. El hombre
—si no es una mujer—viste de conscripto en su semidesnudez,
        como un cadáver
que trajeran del campo de concentración al horno crematorio
Los pies mucho más pequeños que los zapatos desnudos
La mujer—si no es un hombre—maquillada
de emplastos blancos que le chorrean la cara
en el ritual de la expulsión del sexo.

Eso que si fuera un fantasma no ahuyentaría a sus
        compañeros de viaje
no tiene más remedio que gozar en su tren especial
de la soledad de los reyes y los intocables
cuando atraviesa Manhattan.

# BROOKLYN MONSTER

The monster who takes the subway in Brooklyn
has the car all to itself, which no one else gets on
once they see it through the graffitied windows. The man
—if it is not a woman— dresses like a half-naked conscript, like
                      a cadaver
they would have carried from concentration camp to the
                      crematory oven
With feet much smaller than its destitute shoes
The woman—if it's not a man—with white
plaster make-up running down its face
in the ritual expulsion of sex.

That thing that were it a ghost would not have frightened off
                      its fellow passengers
has no other choice than to enjoy in its special train
the solitude of kings and untouchables
as it crosses through Manhattan.

*Monstruo de Brooklyn*

## EL HUDSON EN EL CAMINO DE POUGHKEEPSIE

Liso, rizado apenas por el aire
y envenenado el Hudson
ya no es el Padre de los ríos
el que escribió, torrencialmente, Walt Whitman
ni es un río sagrado: el de esas escrituras:
frescas hojas de hierba que el agua repetía
por la extensión de América del Norte
en una transparente y exaltada
murmuración: rumor de lo que iba a venir:
Appalachia
Y eso lo supo Whitman, que él había cantado
a contracorriente de la realidad.

Se sobrepone el río a su emasculación
sólo porque es inmenso su trayecto
y menos elocuentes—en la geografía—las fábricas
que en el discurso ecológico
pero no así sus deyecciones letales.

Tramos de una gastada pero real majestad
entre Nueva York y Poughkeepsie
Faros en miniatura, islotes y las velas
del sportman olvidado de los peces muertos
que se miran en él, como él se mira—extático—
en el río.

*Brooklyn Monster*

## THE HUDSON ON THE WAY TO POUGHKEEPSIE

Smooth, barely rippled by the air
and poisoned the Hudson
is no longer the Father of rivers
the one Walt Whitman praised in torrents
nor is it sacred: the one of scriptures:
fresh leaves of grass the water repeated
all across North America
in a transparent and exalted
murmuring: rumor of what was soon to come
Appalachia
And Whitman knew it, that he had sung
a counter-current to reality.

The river triumphs over its emasculation
only because its course runs on so far
and the factories—in the landscape—are less eloquent
than in the ecological discourse
but not so their lethal excretions.

Stretches of a spent but splendid majesty
between New York and Poughkeepsie
Miniature lighthouses, small islands and the sails
of the sportsman oblivious to the dying fish
that see themselves in him, as he—ecstatic—sees himself
in the stream.

## TULIPANES DE TORONTO

Tulipanes de color escarlata, brindando con sus copas
por el sol que en ellas vierte
la primavera fría de Toronto
y plantados a orillas del camino
tal vez sin mucha gracia
en el estilo de los palitroques
orden que les imponen la jardinería
y el azar conjugados en la mano
que de ellos y no de otros
hizo su siembra
              No acompañan el brindis
de versos o discursos como lo hacen
políticos, poetas y hombres de negocios
    —ruinas de tulipanes, criaturas zoológicas—
que distinguen sus bocas de sus copas
y entre unas y otras burbujean
palabras y palabras y palabras.

## THE TULIPS OF TORONTO

Scarlet-shaded tulips, toasting with their cups
in honor of the sun that pours in them
the cold Toronto spring
and scattered by the roadside
perhaps with little gracefulness
like so many bowling pins
in an order imposed by gardening
and chance gathered in the hand
that did its sowing
of those and not of others
        Their toast is unaccompanied
by verses or speeches the way it's done
by politicians, poets, and businessmen
—the ruin of tulips, zoological creatures—
who tell their mouths from their cups
and between the one and the other bubble up
words and words and words.

*Monstruo de Brooklyn*

## LA RISA ABUNDA EN BOCA DE LOS JÓVENES

La risa abunda en boca de los jóvenes
miran a una pobre mujer que acostumbra a pasar por Yonge
                                                                                               Street
sin ver a la encapuchada y se mueren de la risa
ni advierten cómo la víctima de su risa los sigue
no más ruidosa, es cierto, que los copos de nieve
Entran y salen del palacio de cristal de la Moda del que se
        han apoderado pasivamente los mendigos
como de una trinchera de vidrio contra el sol congelado de
                                                                           Toronto
Los espera la noche que cae como un telón de fondo
la hora de hacer valer sus chaquetas de cuero en un burdel
                                                                        de más allá
Al fondo el striptease y en primer plano una baraja de naipes
                                                                          marcados
y alguien que no se ve
doblando las apuestas de un lado y del otro por su sola
                                                                     ausencia hilarante
Los muertos de la risa se agarran a cuchilladas
y salen como un vómito a la nieve de Yonge Street
donde ella, la última en reír, con un as de triunfo en la mano
se acerca como la buena samaritana al joven que neciamente
                                                                       agoniza
y se levanta el capuchón para mirarlo a los ojos con sus ojos
                                                                        de nieve.

*Brooklyn Monster*

## LAUGHTER ABOUNDS IN THE MOUTHS OF YOUTHS

Laughter abounds in the mouths of youths
watching a poor woman who passes regularly down Yonge Street
without seeing her beneath her hood and dying with laughter
nor noticing how the victim of their laughing is following them
no more noisily, it's certain, than the flakes of snow
They enter and leave the Mode's crystal palace of which
                the beggars have passively taken possession
like putting on a glass trench coat against Toronto's frozen sun
Nightfall awaits them as a backdrop
at the hour for showing off their leather jackets in a brothel farther on
In the rear striptease and up front a deck of marked cards
and someone who isn't seen
doubling the bets on one side and on the other hilarious only by
                                  her not being there
Those dying of laughter fight it out with knives
and like vomit run out to the snow on Yonge Street
where the last to laugh, holding a winning ace in her hand,
approaches as a Good Samaritan the foolish youth in the throes
                              of death
and lifts her hood to peer into his eyes with her eyes of snow.

*Monstruo de Brooklyn*

## 1985 LA DESPEDIDA 2

Eres de una especie que yo no conocía: se te traslucen cachorros
jugando en lugares amenos con su ternura feroz, el encenderse del rosa
rojo de la mejilla de niños recuperados por sus padres
en un abrazo que los libra o casi del mundo
y del peligro ocasional que desencadena ese abrazo
semejante a un transporte místico, pero cuando se apretuja la carne
con la carne y la sangre, un momento antes congelada, hierve
exhala su olor de maravilla mortal, fresco, como cuajado
sobre la hierba, en el origen del día.

Una inmensidad de mujer tan bien construída
como la represa que convierte el río
en un lago por eso llamado artificial, un orden líquido
de aguas blancas y plateadas y verdes y surcadas
de lanchas a motor y velas de colores. Eres ese río
que no por obra de magia se detiene
a descansar en sí mismo como si fueras el mar
de estas tierras con lomas de rocas talladas donde tanta vegetación
es el milagro de un puñado de tierra. Tienes
brazos y piernas de río que no van a dar al morir
que es la mar, pues, por ahora, pareces eterna
como la juventúd—ya se sabe—. El azul de ciertos pájaros
no se da mejor en ellos que en tus ojos
Grandes manos como para sacar a luz un hijo que se te parezca
pero que todavía no ha ensanchado tanta delgadez, respetuoso de tu
                                                                                           belleza
aunque seguramente la aumentará
y gozarás de ella todos los años que quieras.

Sí, todo esto y mucho más, pero yo el que te escribe
tengo en este lugar los días contados
no todo el blanco del papel ni el deseo de fatigarlo
porque quiero que lo leas, en realidad, y pienses
"Soy parte de una memoria que empieza a transfigurarme

*Brooklyn Monster*

## 1985 FAREWELL 2

   You are a kind I had not known: cubs shine in you
playing with fierce tenderness in delightful places, the flaming
                                        of the rosy
red cheeks of children recovered by their parents
in an embrace that frees them or almost from the world
and from the chance danger such an embrace brings on
as in a mystic trance, but when flesh is pressed
to flesh and blood, frozen a moment before, boils
it breathes its odor of mortal wonder, fresh, congealed
upon the grass, in the origin of day.

   An immensity of woman as well built
as the dam that converts the river
into a lake called for that reason artificial, a liquid order
of white, silver, and green waters furrowed
by boats with motors or colored sails. You are that river
which by no work of magic pauses
to rest in itself as if you were the sea
of this hill country of cut stones where so much plant life
is the miracle of a handful of land. You have
a river's arms and legs that will not yield to death
which is the sea, since, for now, you seem eternal
as youth—one knows it—. The blue of certain birds
is no better on those than in your eyes
Large hands meant for giving birth to a child may favor you
but has yet to attain such delicateness, out of respect for your beauty
though surely it will add to it
and you enjoy it all the years that you may wish.

   Yes, all of this and much more, but I who write to you
have my days numbered in this place
not all the paper's whiteness nor the desire to weary it
since I want you to read it, in reality, and to think
"I am a part of a memory that begins to transfigure me

*Monstruo de Brooklyn*

y de la que me borraré como un montón de palabras
Estas, las pobres".

   Ellas—te respondo—
son todavía—recuérdalo—una manera de vivir
la más modesta de todas, sin duda, la más inútil
Porque ¿cómo hacer de unos versos el impensable encuentro
en el Café o un abrazo a la manera de un relámpago
Pero los versos—no los besos—están aquí, al menos
sería bueno que antes de borrarse te recordaran lo que ausentan
a la manera de un espejismo.

   La vida, belleza, es así; o mejor dicho impensable
un espejismo que no se deja pensar
y al cual por lo tanto esa palabra: espejismo
le viene, en un cierto sentido, como cualquier otra
Hay una felicidad en no decirla
que compartimos sin callarnos nada
pero evitando toda definición
solo como para acompañar a los cuerpos que no se ocultaban nada
y que nada definían. Conocí esa felicidad
siempre es así, cuando menos me lo esperaba
Como subir unas gradas de esas rocas y de pronto ver de veras
el mar aunque no lo fuera: una obra de ingeniería
río inmóvil que desafía a la muerte
eternamente como la juventud
Como descender unas gradas, cansado ya
de estas alegorías en que combino cachorros
y el vuelo de los azulejos
Todo para llegar a una metáfora: tú
y eximirme con ella de tu imposible presencia
que ausento al hablar de tí.
Por eso voy a probar una ESPECIE DE DEFINICIÓN
NEGATIVA:

   No eres tampoco, aquí en el lenguaje donde nunca estarás

and I shall erase myself from it like a bunch of words
These, poor things."

    Such words—I reply—
are still—remember it—a way of life
the most modest of all, without a doubt, the most useless
Because how make from a few lines the unthinkable meeting
in the cafe or the embrace like a lightning flash
But the lines—not the kisses—are here, at least
it would be good before they're erased that they remind you
                                    of what they make absent
a sort of mirage.

    Life, beauty, is like this; or to put it a better way is unthinkable
a mirage one cannot stop thinking of
and for which at any rate that word: mirage
fits, in a certain sense, as well as any other
There is a happiness in not saying it
we shared without keeping a thing unsaid
but avoiding any definition
just to accompany our bodies that were hiding nothing
and defined nothing. I knew that happiness
it's always like this, when I least expected it
Like climbing stone steps and suddenly truly seeing
the sea even though it were not: a feat of engineering
the unmoving river defiant of death
as eternally as youth
Like descending the steps, already tired
of these allegories in which I combine cubs
and the flight of blue jays
All to arrive at a metaphor: you
and exempt myself through it from your impossible presence
that I remove in speaking of you.
For that reason I'm going to try out a KIND OF NEGATIVE
DEFINITION:

    Nor are you, here in the language where you will never be

## Monstruo de Brooklyn

de cuerpo presente, por mucho que me esfuerce por poseerlo
la muchacha cuya historia me contaste
Tu madre no te obligó, al rechazarte en tu adolescencia, a una vida
                                                            errante
como Evangelina. Ni fuiste en Paris la niña de nadie
—tu maestro—ni te pareces aquí a tu padre porque no lo conozco
ni en lugar de él encontraste, como en cualquier hombre, a un
                                               intrauterine tirano
menos lúcido en su declinación que el rey Lear, a Edipo
No eres aquí la celosa de sus propios Estados Unidos
estabilidad emocional previsión y otros derechos
adquiridos con suficiente tenacidad
Dispongo a amaño de tí ahora que al escribirte te ausento
y aunque no he de saber nunca lo que habrá sido de tí
puedo negarme a la lógica de esos relatos
de esas explicaciones que no explican nada
sueños del psicoanálisis que fabuló en su tiempo esas leyendas
Ahora que serás sólo mi preferencia y no tú, la letra
te prefiero, como en Mallarmé, la ausente de todos los ramos
te prefiero con ese olor a flores silvestres ofreciéndome en el
                                             ombligo y los pechos
fresas azucaradas y una risa infantil
un momento antes de negarme tu vida

## Brooklyn Monster

present in body, no matter how I exert myself to possess it
the young girl whose story you told to me
Your mother didn't force you, on rejecting you in your adolescence,
                                        into a life of wandering
like Evangeline. Nor were you anyone's little girl in Paris
—your teacher—nor do you look here like your father since
                                        I do not know him
nor in place of him did you find, as in any man, an intrauterine tyrant
less lucid in his decline than a King Lear, an Oedipus
you are not here the jealous one of your own United States
emotional stability welfare and other rights
acquired with sufficient tenacity
I arrange you cleverly now that writing you I make you missing
and though I may never know what will become of you
I can deny myself the logic of those tales
of those explanations that explain not a thing
dreams of psychoanalysis that in its time invented such legends
Now that you will only be my choice and not you, the writing
I prefer you, as in Mallarmé, the absent one of all the bouquets
I prefer you with that odor of wildflowers offering me
                                      in your navel and breasts
sugared strawberries and a childish laugh
a moment before you deny me your life

## UNA CANCIÓN PARA TEXAS

Bajo la luna de Texas, más grande que en cualquier otro
    cielo del mundo
Donald se mirará, meditabundo, la punta de sus botas
    puntiagudas
Puede que piense con toda seriedad en emigrar
a una región menos vasta
donde haya lugar para un pequeño proyecto
Conoce ya—porque en sus viajes ha sido pródigo—países
    del tamaño de la mitad del Estado
pero están por ahora increíblemente lejos
allí vivió Donald en su elemento
en un mundo de tamaño natural
pero aunque no puede florecer insiste en sus raíces
a medida que envejece
como una rama tronchada.

## A SONG FOR TEXAS

Under the Texas moon, larger than in any
        sky of the world
Donald will be gazing, pensively, at the tip of
        his sharp-pointed boots
It may be that he thinks in all seriousness of moving
to another part not so expansive
where there may be a place for a small project
He already knows—since he's traveled a good bit—
        countries half the size of this state
but for now they are unbelievably far away
there Donald lived in his element
in a world of a natural size
but even though he cannot flower he insists on
        his roots
in proportion to which he grows old
like a broken branch.

*Monstruo de Brooklyn*

## VOY POR LAS CALLES DE UN MADRID SECRETO

Voy por las calles de un Madrid secreto
que en mi ignorancia sólo yo conozco:
nadie que lo conoce lo ve así
ni en su ignorancia ignora lo esencial.
Ariadna—mi memoria laberíntica—
me tiende el hilo de su pobre ovillo
hecho de telarañas hilachientas.
Creo ver lo que vi: es una creencia
y de improviso, es cierto, lo estoy viendo
pero en otro lugar. Y ¿por qué en otro?
más bien todo en un sitio sin lugares
ni estables perspectivas ni, en fin, nada.
La ciudad es hermosa ciertamente
pero debo inventarla al recordarla.
No sé qué mierda estoy haciendo aquí
*viejo, cansado, enfermo y pensativo.*
El español con el que me parieron
padre de tantos vicios literarios
y del que no he podido liberarme
puede haberme traído a esta ciudad
para hacerme sufrir lo merecido:
un soliloquio en una lengua muerta.

## I PASS THROUGH THE STREETS OF A SECRET MADRID

I pass through the streets of a secret Madrid
which in not knowing I alone know:
no one who knows it sees it this way
nor in his ignorance ignores its essence.
Ariadne—my labyrinthine memory—
strings out for me the yarn of her pathetic ball
made from ravelled threads.
I believe I've seen what I saw: it's a belief
and suddenly, it's for certain, I'm seeing it
but in some other place. And why in another?
more likely somewhere without any places
nor stable perspectives nor, in short, anything.
The city is lovely for sure
but I must invent it to remember it.
I don't know what the hell I'm doing here
*old, tired, sick, and pensive.*
The Spanish with which they gave me birth
father of so many literary vices
and of which I've not been able to free myself
must have brought me to this city
to make me suffer what serves me right:
a soliloquy in a language has died.

## COCINA GALLEGA

    Todavía se resisten a pasar al comedor
como aferrados a sus manes, en Roma
Prefieren la cocina, el calor del hogar
los dioses infernales, el alma de los muertos
El comedor tiene algo de frívolo y profano.

    Los antiguos gallegos
todavía resisten a la televisión que los apartaría
del calor en familia y del lenguaje oscuro
que lucha por ser parte del fuego del hogar
en la cocina, junto a los manes, en Roma

    Todavía se niegan a salir
del comedor a su dispersión televisiva en el mundo
lejos del fuego lento de su propio lenguaje
en la cocina, gracias a los manes
todavía . . .

## GALICIAN KITCHEN

    Even now they refuse to enter the dining room
clinging to the spirits of their ancestors, in Rome
They prefer the kitchen, the warmth of the home
the nether gods, the soul of the dead
The dining room has to it something frivolous and profane.

    The old Galicians
still resist television that would cut them off
from the family warmth and a dark language
that struggles to be a part of the fire of the home
in the kitchen, together with ancestral spirits, in Rome

    Even now they refuse to leave
the dining room for televised dispersion in the world
far from the slow fire of their native words
in the kitchen, thanks to the ancestral spirits
even now . . .

## DEL HOMBRE Y DEL GRANITO

Pueblos de campesinos mimados por la tierra
y el granito
del que todavía entresacan sus casas estereométricas
y hasta los postes de sus viñedos
Gente de lengua oscura incluso para ellos mismos
que si tienen palabras para seguir con cien de ellas las
                                mutaciones del pino
y para entonar la conjunción intemporal de la tierra y del
                                hombre
del hombre y del granito
no las tienen para nombrar desde el Renacimiento
las transformaciones en el mundo de lo moderno
el inventario de esas cosas que son las únicas en cambiar
                                con el tiempo

*Brooklyn Monster*

## OF MAN AND GRANITE

    Villages of farmers pampered by the earth
and granite
that they still select for their sturdy homes
and even for the posts of their vineyards
People of a dark tongue that remains so to them
who if they have a hundred words for following the
                                          pine's mutations
and for intoning the timeless conjunction of earth and man
of man and granite
have none for naming since the Renaissance
the transformations in the world of the modern
the inventory of those things that are with time the only
                                            ones to change

## CARBALLO

    Como buen soberano de los árboles
el carballo, que fuera destronado en Galicia
invadido allí por los pinos del Caudillo
a manos de los celosos reforestadores cuidadosos de rimar
                            con los invasores
a diferencia de los eucaliptus que se beben todo el suelo
hasta parecer centenarios a poco de nacer
—madera barata para obras sin estilo—
el carballo de tronco tan alto como atormentado
de costumbres—si las tuviera—austeras
permitía que la hierba creciera a sus pies y, en la hierba,
                            el rebaño
animando al pastor con su sombra y con su ejemplo.

## OAK

    Like a good sovereign of the trees
the oak, which in Galicia would be dethroned
invaded there by pines of the rebel Chief
at the hands of jealous reforesters careful to agree
                              with the invaders' will
unlike the eucalyptus that soaks up all the soil
till shortly after birth they seem centenarians
—cheap wood for works without any style—
the oak with its trunk as tall as it is tormented
with manners—if it had them—austere
allowed the grass to grow at its feet and, on the grass,
                                    the flock
inspiring the shepherd by its shade and example.

## CAFÉ DERBY

¿Quien diría que estoy sentado
a la misma mesilla ovalada
en el café Derby
a la que se sentaba diariamente a escribir, don Ramón del Valle
Inclán
el pobre que jaló, de su puño y letra
sus años últimos en Santiago de Compostela?

Pero sí, como un "tonto del culo" me he sentado en su silla
como detrás de un escaparate, bajo el profano vitral
en que se lee Derby con todas sus letras
a escribir las mías: unas cuantas líneas vacías que juegan al dibujar
al ausente, sobre su mesilla
y que me restituyen a mi condición de esperpento.

*Brooklyn Monster*

## THE DERBY CAFE

    Who would think that I am seated
at the same oval-shaped table
in the Derby Cafe
where daily don Ramón del Valle Inclán sat down to write
the poor guy who condemned, with his fist and words
his final years here in Santiago de Compostela?

    Sure enough, like a "fool asshole" I have taken his seat
right behind the cafe window, beneath the colored glass
where Derby is lettered for all to read
here to do my writing: a few empty verses which play at
                                  sketching
the missing, at his very table,
and bring me back to my frightful condition.

*Las Sirenas*

*The Sirens*

*Las Sirenas*

## YO EL LIBRO

    También el cuerpo se descompagina
porque lo hojeen distraídamente
Soy un imbroglio de maltratado papel
entre las manos de una lectora poco atenta
un magazine en una sala de espera
que irá a parar en unos días más
a la bolsa negra de polietileno
Antes de que esto ocurra, lee en mí
el último capítulo de nuestra historia en común
para que sepas.

*The Sirens*

**I THE BOOK**


    The body can also be bent and battered
because they may leaf through it heedlessly
I am a confused heap of paper treated poorly
in the hands of her who in a waiting room
carelessly reads a magazine
which in a few days will end up
in a black polyethylene bag
Before that may happen, read in me
the last chapter of our story together
that you may know.

*Las Sirenas*

## LARGA DISTANCIA

    Persiste en el teléfono, detrás de la voz
de la operadora trivial, la sorpresa
eco nupcial de lo que fue el matrimonio secreto de la
                      Magia y la Ciencia
deslubramiento no obstante la oscuridad meridiana
Una comunicación de persona a persona
convierte en casi nada no importa qué distancia
y la deja penosamente intacta.

    Voz a voz
esos cuerpos que increíblemente no se comunican
                      de viva vida
—toda magia tiene su sombra—
comparecen desde las más distintas y distantes ciudades
                      a la intimidad
de un lugar que no hay en el espacio y que cabe
de un lado y otro del espacio en el hueco separado de
                      dos manos
auriculares
una realidad de la que nadie se asombra
como si nunca persona a persona hubiera significado
                      cuerpo a cuerpo
sólo voz a voz, algo que es y no es lo mismo.

    Pero tú y yo, fantasmas de carne y hueso, irrealizamos
                      la regla
que nos confirma como si fuéramos su excepción
voces y no cuerpos, pero no sólo voces, nos entretejemos
                      persona a persona
con la sensación de asistir—en nosotros—al matrimonio
                      secreto
de la Magia y la Ciencia.

*The Sirens*

## LONG DISTANCE

On the telephone there persists, behind the voice
of the stale operator, the surprise
nuptial echo of what was the secret wedding of Magic and Science
dazzling despite the midday darkness
A person to person call
turns no matter what distance into almost nothing
and leaves it painfully intact.

Voice to voice
those bodies that unbelievably are not in touch with living life
—all magic has its dark side—
answer from the most distinct and distant cities a summons to the
                                    intimacy
of a place that is not in space and that fits
from one side and another of the opening in the hollow between
                                    two hands
receivers
a reality which surprises no one
as if person to person had never meant body to body
only voice to voice, something that is and is not the same.

But you and I, phantoms of flesh and blood, disprove
                                    the rule
that confirms us as though we were its exception
voices and not bodies, but not voices alone, person to person
                                    we mingle
with the sensation of attending—in ourselves—the secret
                                    wedding
of Magic and Science.

*Las Sirenas*

## RUEDA DE LA FORTUNA

    Rueda de la fortuna que a mis expensas giras
Contigo estuve ayer, reina de corazones
hoy estoy en la nada en un lecho de pólvora
(como para encender un cigarrillo en tu nombre
y volver explosivamente a ese vicio)
Rueda de la Fortuna Medieval que hasta el día de hoy
gira con la energía de una bestia
Ayer tú y yo hicimos el amor
como si eso no fuera el paraíso
Por la violencia fuimos expulsados de allí
por mucho que quisiéramos
ser el uno y el otro inocentes serpientes.

    Triunfa, triunfa la Rueda, poniendo boca abajo
a la reina, rompiendo el laúd del goliardo
haciendo un monumento funerario
de la felicidad de algunos días.

*The Sirens*

**WHEEL OF FORTUNE**

    Wheel of fortune that you turn at my expense
I was with you yesterday, queen of hearts
today I'm down to nothing in a gunpowder bed
(like I'm going to light a cigarette in your name
and return to that vice explosively)
Wheel of Medieval Fortune that up to this very day
spins with a bestial energy
Yesterday you and I made love
as though that weren't paradise
By our violence we were expelled from there
however much we may have wished
each of us to have been an innocent snake.

    The wheel wins, triumphs in turning the queen
upside down, breaking the goliard's lute
making a funeral marker
out of a few happy days.

*Las Sirenas*

## CONTRAGUERRILLERA

    Como miembros de un ejército secreto que sólo
        dispone de nosotros dos
nos reunimos, a la hora exacta, habiendo tomado
        todas las previsiones
de la invisibilidad Tu cabeza de largo cuello
y el pelo corto de las adolescentes, gira
hacia dos o tres de los puntos cardinales
Vienes vestida de negro y verde olivo, gacela
y no es que poses para una revista de modas
en traje de guerrillera, sino que pones de verdad
proa al terror del que somos adictos,
deslumbrados, en un verano de mierda
El deseo de vernos aumenta en proporción directa a
        su imprudencia
estaríamos cada día más cercados por el enemigo
cierto del malestar que nos inspira y que redunda en
        su ubicuidad
Esta batalla ganó
y no la guerra, pero fue un triunfo sonado
mantiene minado el territorio que nos pertenece
en nombre del amor tan impotente como cuales-
        quiera de los derechos humanos
y no menos lábil o insignificante que ellos
pues corren tiempos inhumanos y él bien lo sabe
el hosco partidario de las medidas de facto.

*The Sirens*

## COUNTERGUERRILLA

    Like members of a secret army that orders only us
we meet, at the exact hour, having taken every precaution
for remaining undetected Your head with its long neck
and hair cut short like adolescent girls, turns
toward two or three of the cardinal points
You've come dressed in black and olive green, a gazelle
and it's not that you pose for a fashion magazine
in guerrilla outfit, but that you give a true
indication of the fear we are addicted to,
bewildered by, in a shitty summer
The desire to see one another increases in direct proportion
                to its imprudence
each day we would be more besieged by the enemy
certain of the uneasiness inspiring and surrounding us
                in its ubiquity
It won this battle
and not the war, but it was a resounding victory
it keeps the area mined that belongs to us
in the name of love as impotent as any of
                the human rights
and no less weak or insignificant than those
since we're overrun by inhuman times and he knows it well
the grim partisan of de facto measures.

*Las Sirenas*

## ECO DE OTRA SONATA

    En tu opinión un amor borra a otro
y es así, querida, pero en el amor no todo
se hace parte del dardo y del carcaj
—los borradores—ni de la herida que encandila
toda placer toda dolor
melliza de la muerta, metáfora del parto
          Las víctimas de Eros sobreviven al crimen
del que, gozosamente, son los agentes pasivos
sus autores en un momento de misterio y no olvidan
al menos yo: mi recuerdo de ti
independientemente del amor lo retiene
como en ese cuadro de Magritte el cielo del amanecer
no ha disipado en la calle a la noche
ni a su preciosa luna: luz cuajada
en el farol que alumbra oscuramente esa calle
          Es verdad, el oxímoron
no es más que una figura de palabras y puede pecar de
                      premeditado
No así yo, así lo espero, si te digo:
un amor no borra a otro
La memoria, también, a su manera, ama
y, como alguien lo dijo: "no hay olvido".

*The Sirens*

## ECHO OF ANOTHER SONATA

    In your opinion one love erases another
and it's so, dear, but in love not everything
belongs to the arrow and the quiver
—the erasers—nor to the wound that bewilders
all pleasure all pain
twin of death, metaphor of birth
        The victims of Eros survive the crime
of which, gladly, they are its passive agents
its authors in a mysterious moment and do not forget
I at least: my memory of you
independently of love retains it
as in that painting by Magritte the morning sky
has not dissipated in the street at night
nor its precious moon: clotted light
in the lamp that darkly illumines that street
        It's true, the oxymoron
is no more than a figure of speech and can commit
        a premeditated sin
But not I, so I hope, if I tell you:
one love doesn't erase another
Memory, also, in its way, loves
and, as someone said: "there's nothing forgotten."

*Las Sirenas*

## CONVENIENCIAS DEL OTOÑO

    Seré otoñal, el verano pasó
y la primavera es, por naturaleza, sangrienta
¿Cuántas veces tendría un animal que caer
en la misma trampa? Armada por Eros
cubierta por hojas en que se transparenta el resplan-
        dor del cebo: la belleza de Filis
y de la cabellera viva de la tierra con sus flores recién
        pintadas
Pero detrás, Filis, de tu imagen perfecta
como lo es todavía un verso de Góngora
lo que te falta y lo que te sobra, pastora, allí está
Detrás de todas ustedes, doncellas encantadas, se
        emboscan
los locos terribles de la sierra, los pastores
que se enardecen con la idea
de matar a palos a quien esto escribe.

    Me tiendes, sin saberlo, dos pares de brazos
Unos que inmovilizan y otros que muelen.

*The Sirens*

## ADVANTAGES OF AUTUMN

   I will be autumnal, summer passed
and spring is, by nature, bloody
How many times would an animal have to fall
in the very same trap? Set by Eros
covered with leaves that the brightness of the bait
       shines through: the beauty of Filis
and of the live hair of the earth with its flowers
       recently tinted
But behind, Filis, your perfect image
as Góngora's line still is
there lies, shepherdess, all you lack and all you
       more than are
Back of all of you, you enchanted damsels, there wait
       in ambush
the terrifying madmen of the mountain, the shepherds
who burn with the thought
of beating to death the writer of this.

   You extend to me, without knowing it, two pairs of arms
Those that immobilize and those that pound to bits.

## LAS SIRENAS

Hemos llegado, sin saberlo, a viejos
Las hermosas mujeres de treinta años
se nos van de las manos, nos conceden
el abrazo y el beso y el oleaje
se retracta, alejando esos ramos marinos
de ojos verdes y azules, que espuman otra orilla
de la rompiente a la que ya no llegamos
Vienen en lugar suyo las sirenas
arrastrándose a hacernos compañía
cuando es la bajamar y derriten la cera
de los oídos en un bar nocturno
y desamarran del palo mayor
a Ulises el anciano
que, cansado de haberlas oído solamente
por fin cede al deseo de ahogarse entre ellas.

**THE SIRENS**

We have turned, without realizing it, into old men
The beautiful women of thirty
are slipping through our fingers, they grant us
a hug and a kiss and the waves
draw back, washing out those marine clusters
of blue and green eyes, foam on another shoreline
the breakers we no longer reach
In their place the sirens come
dragging themselves up to keep us company
when the tide is low and to melt the ear-wax
in an all-night bar
and to untie from the thickest beam
the ancient Ulysses
who, tired of having only heard them
at last gives in to the urge to drown with them.

*Los Que Van a Morir*

*Those Who Are Going To Die*

*Los Que Van a Morir*

# KAFKA

Soy sensible a este abismo, me enternece
de otra manera la lectura de Kafka:
pruebo, con frialdad, el gusto de la muerte
Que nos hace falta algo
junto a lo cual no somos nada
Una cámara oscura
que proyecta esta ausencia pavorosa
Pruébese lo contrario
con lujo de razones luminosas,
igual el sol parece que cavila
sobre el origen de sus manchas, sí:
en cada cosa hay un fantasma oculto
Nuestro trabajo, ¿no es un exorcismo,
una respuesta al desafío oscuro?

*Those Who Are Going To Die*

## KAFKA

I am sensitive to this abyss, am moved
in another way by the reading of Kafka:
I coolly taste the flavor of death
That we are missing something
next to which we are nothing
A camera obscura
that projects this terrifying absence
Try proving the contrary
with a bunch of brilliant reasons,
even so the sun appears to ponder
the origin of its spots, yes:
in each thing there is a hidden phantom
Our task, is it not an exorcism,
a response to the dark challenge?

*Los Que Van a Morir*

## NADA TIENE QUE VER EL DOLOR CON EL DOLOR

Nada tiene que ver el dolor con el dolor
nada tiene que ver la desesperación con la desesperación
Las palabras que usamos para designar esas cosas están viciadas
No hay nombres en la zona muda

Allí, según una imagen de uso, viciada espera la muerte a sus
                              nuevos amantes
acicalada hasta la repugnancia, y los médicos
son sus peluqueros, sus manicuros, sus usurarios usuarios
la mezquinan, la dosifican, la domestican, la encarecen
porque esa bestia tufosa es una tremenda devoradora

Nada tiene que ver la muerte con esta imagen de la que me retracto
todas nuestras maneras de referirnos a las cosas están viciadas
a éste no es más que otro modo de viciarlas

Quizá los médicos no sean más que sabios y la muerte—la niña
de sus ojos—un querido problema
la ciencia lo resuelve con soluciones parciales, esto es, difiere
su nódulo insoluble sellando una pleura, para empezar
Puede que sea yo de esos que pagan cualquier cosa por esa
                              tramitación
Me hundiré en el duelo de mí mismo, pero cuidando de
                              mantener
ciertas formas como ahora en esta consulta
Quiero morir (de tal o cual manera) ese es ya un verbo
                              descompuesto
y absurdo, y qué va, diré algo, pero razonable-
mente, evidentemente fuera del lenguaje en esa
zona muda donde unos nombres que no alcanzan a ser
cuando ya uno, qué alivio, está muerto, olvidado ojalá
                              previamente de sí mismo
esa cosa muerta que existe en el lenguaje y que es
su presupuesto

*Those Who Are Going To Die*

# PAIN HAS NOTHING TO DO WITH PAIN

Pain has nothing to do with pain
desperation has nothing to do with desperation
The words we use to mean those things are contaminated
There are no words in the mute zone

There, according to an image in use, death waits foully for its latest lovers
dressed even to repugnance, and the doctors
are its hairdressers, manicurists, usurious users
who give it sparingly, in small doses, control it, make it high-priced
because that stinking beast is a frightful consumer

Death has nothing to do with this image from which I withdraw
all our ways of meaning things are contaminated
and this but one more means of contamination

Perhaps doctors are nothing but experts and death—the apple
of their eyes—is a pet problem
science solves it with partial solutions, that is to say, it puts off
its undissolvable nodule sealing a pleura, to start with
It may be that I am one of those who pay anything for the procedure
I will sink myself into my own grief, yet taking care to maintain
certain forms as now in this operating room
I want to die (in such-and-such a manner) that's already a decomposed
and absurd verb, and how it works, I will say something, but reason-
ably, clearly beyond language in that
mute zone where some names don't come to be
when one already is, what a relief, dead, hopefully forgotten
                              by one's self beforehand
that dead thing that exists in the language and is
its estimate

*Los Que Van a Morir*

Invoco en la consulta al Dios
de la no mismidad, pero sabiendo que se trata
de otra ficción más
sobre la unión de Oriente y Occidente
de acápites, comentarios y prólogos
Un muerto al que le quedan algunos meses de vida tendría
                                      que aprender
para dolerse, desesperarse y morir, un lenguaje limpio
que sólo fuera accesible más allá de las matemáticas a
                                      especialistas
de una ciencia imposible e igualmente válida
un lenguaje como un cuerpo operado de todos sus órganos
que viviera una fracción de segundo a la manera del resplandor
y que hablara lo mismo de la felicidad que de la desgracia
del dolor que del placer, con una sonriente
desesperación, pero esto es ya decir
una mera obviedad con el apoyo
de una figura retórica
mis palabras no pueden obviamente atravesar la barrera de ese
                                      lenguaje desconocido
ante el cual soy como un babuino llamado por extraterrestres
                                      a interpretar
el lenguaje humano
Ay dios habría que hablar de la felicidad de morir en alguna
                                      inasible forma
de eso que acompañó a la inocencia al orgasmo a todos y a
                                      cada uno
de los momentos que improntaron la memoria
con impresiones desaforadas
Cuando en la primera polución
—mucho más mística que la primera comunión—pensabas en
                                      Isabel
ella no era una persona sino su imagen el resplandor orgástico
                                      de esa creatura
que si vivió lo hizo para otros diluyéndose para ti carnalmente
                                      en el tiempo de los demás
sin dejar más que el rastro de su resplandor en tu memoria

*Those Who Are Going To Die*

In surgery I call upon the God
of the non-sameness, but knowing it means
one more fiction
concerning the unity of East and West
of paragraphs, commentaries, and prologues
A dead man who has a few months of life would have to learn
a clean language for hurting, despairing, and dying
which beyond mathematics would be accessible only to specialists
of an impossible and equally valid knowledge
a language like a body with all its organs operated on
that would live for a fraction of a second in a brilliant fashion
and would speak in the same way of happiness as of misfortune
of pain as of pleasure, with a smiling
desperation, but this is already stating
the merely obvious with the help
of a figure of speech
my words obviously cannot cross the barrier of that unknown tongue
before which I am like a baboon called upon by extraterrestrial beings
                                                                        to interpret
the human language
O god I would have to speak of the happiness of dying in some
                                        unpossessable form
of that innocence that accompanied the orgasm in all and every one
of those moments that stamped the memory
with enormous, outrageous impressions
When in the first wet dream
—far more mystic than the first communion—you were thinking
                                                                of Isabel
she was not a person but her image the orgastic glimmer of that creature
who if she lived did so for others diluting herself for you carnally
                                                          in the others' time
without leaving more in your memory than the trail of her gleam

## Los Que Van a Morir

eso era la muerte y la muerte advino y devino
el click de la máquina de memorizar esa repugnante devoradora
acicalada en palabras como éstas tu poesía, en suma es la
                                                                             muerte
el sueño de la letra donde toda incomodidad tiene su asiento
la cárcel de tu ser que te privaba del otro nombre de amor
                          escrito silenciosamente en el muro
o figuras obscenas untadas de vómito
tu vida que—otra palabra—se deslizó, sin haberse podido
engrupir en lo existente detenerse en lo pasajero hundir el
                                                                  hocico
feliz en el comedero, golpear por un asilo nocturno
con el amor como con una piedra
la muerte fue la que se disfrazó de mujer en el altillo
de una casa de piedra y para ti de sombra y humo y nada
porque ya no podías enamorar a su dueña, temblando
del placer de perderla bajo una claraboya con telarañas
tienes que reconstituir ese momento ahora que la dueña de la
                                                      casa es la muerte
y no la otra, esa nada ese humo esa sombra
darte el placer de ser ella y de unirte a ella como los labios de
                                                                         Freud
que se besan a sí mismos

*Those Who Are Going To Die*

that was death and death advanced and became
the click of the machine for memorizing that repugnant consumer
polished in words like these, getting down to it, your poetry is death
the dream of writing where all discomfort has its place
the prison of your being that deprived you of the other name of love
                                    written silently upon the wall
or obscene figures smeared with puke
your life— another word—slipped away, without having been able
to be fooled in the present linger in the fleeting sink the snout
happily in the trough, knock for a nightly refuge
with love as with a rock
death was the one who disguised herself as a woman in the attic
of a house of stone and for you of shadow and smoke and nothing
because no longer could you woo its owner, trembling
with pleasure at losing her underneath a skylight with spiderwebs
you must reconstitute that moment now that the owner of the
                                      house is death
and not the other, that nothing that smoke that shadow
giving yourself the pleasure of being her and of joining with her
                                      like the lips of Freud
  that kiss themselves

*Los Que Van a Morir*

## LIMITACIONES DEL LENGUAJE

El lenguaje espera el milagro de una tercera persona
(que no sea el ausente de las gramáticas árabes)
ni un personaje ni una cosa ni un muerto
Un verdadero sujeto que hable de por sí, en una voz
                                          inhumana
de lo que ni yo ni tú podemos decir
bloqueados por nuestros pronombres *personales*

Tenemos aquí a un hombre, apretando el gatillo contra
                                          sus sienes
Algo ve entre ese gesto y su muerte
Lo ve durante una partícula elemental del tiempo
tan corta que no formará parte de aquél
Si algo pudiera alargarla sin temporalizarla
una droga (¡descúbranla!)
Se escucharían los primeros pálidos ecos
de una inédita descripción de lo que no es

## LIMITATIONS OF LANGUAGE

Language awaits the miracle of a third person
(but not the one that's absent from Arabic grammars)
neither a character nor a thing nor someone dead
A real subject who may speak for himself, in an inhuman voice
of what neither I nor you is able to say
blocked by our *personal* pronouns

We have here a man, pressing the trigger close to his temple
He sees something between that gesture and his death
Sees it during an elemental bit of time
so short that it will form no part of that
If something could prolong his death without placing it in time
a drug (discover it!)
The first pallid echoes would be heard
of an unpublished description of what it is not

*Los Que Van a Morir*

## CONTRA LOS PENSAMIENTOS NEGROS

Pensamientos
no pensamientos negros
La relación paradigmática de éstos con la muerte es un
                                      recurso fácil
una mala metáfora
Los pensamientos no lloran
no se conduelen de sus objetos
tampoco deben ser pensados como auxiliares de la razón contra
                                      la locura
(Fourier no anunció sin razón las ciencias de la locura)
El desahuciado observa que, en la perspectiva de la muerte,
                                        las cosas
forzadas a ocupar un espacio limitado antes que a fluir en un
                tiempo amorfo supuestamente ilimitado
se ordenan como en un cuadro de Mantegna
Nunca antes se había visto así, al centro del escenario
Como un santo con un león a sus pies
Nunca fui un santo ni domestiqué un león
lo importante es el centro del cuadro
como lo veo como lo ven
en el andén de la equidistancia
el de ser sin que esto sea un motivo de orgullo
(¿qué orgullo puede tener el que va a morir?)
el centro de un pequeño sistema planetario
al que, en honor a la claridad, le falta la cuarta dimensión

el tiempo que ciega en punto a la perspectiva.

## AGAINST BLACK THOUGHTS

Thoughts
not black thoughts
The paradigmatic relation of these to death is a simple recourse
a bad metaphor
Thoughts don't cry
don't feel sorry for their objects
nor ought they to be considered aids to reason against insanity
(not unreasonably did Fourier announce the science of insanity)
The hopeless person observes that, from the viewpoint of death, things
forced to occupy a limited space prior to flowing into an amorphous time
                                                     supposedly unlimited
arrange themselves as in a painting by Mantegna
Never before had it been seen this way, at the center of the scene
Like a saint with a lion at his feet
I was never a saint nor did I tame a lion
the important thing is the center of the painting
as I see it as they see it
on the platform of equidistance
the one existing without this being a cause for pride
(what pride can one have who is about to die?)
the center of a little planetary system
which, for the sake of clarity, lacks the fourth dimension

time that blinds when it comes to perspective.

*Los Que Van a Morir*

## MUERTE EN LA ÓPERA

      La ópera incluye invariablemente en su repertorio a la muerte
una muerte que como la de Madame Butterfly
—*con onor muore*
*chi no puó serbar vita con onore*—
sea en la escena lo que la caída de aerolito en el cielo
un bello espectáculo y un punto a favor de la exactitud
de la mecánica celeste
Una muerte que embellezca a la víctima a la quinta potencia sin
                            afear al verdugo
al cabo de ochenta y cuatro años nadie puede afirmar que
                        Benjamín Franklin Pinkerton
lugarteniente de la cañonera Lincoln
sea un miserable
Habría podido llegar a serlo si su aparición, *real*, hubiera
                      tenido lugar en Nagasaki en nuestros días
absoluta imposibilidad por partida doble
Cada época es una cañonera diferente
otra carta de navegación
Sólo la ópera no cambia, que defiende a sus personajes de los
                        cambios de perspectivas
y paga a precio de oro a las personas que los representan

La muerte de madame en la voz de Renata Tebaldi
no sólo justifica la traición de Pinkerton:
la traición es la incógnita
que resuelve la ecuación de la historia
magnífica despejada por esa muerte
Plácido Domingo debe clamar entrando en la casa de la muerte
Butterfly . . . Butterfly
y claro está que no desentona.

*Those Who Are Going To Die*

## DEATH IN THE OPERA

Invariably the opera includes death in its repertoire
a death like the one of Madame Butterfly
—*con onor muore*
*chi non puó serbar vita con onore*—
whether it be in the scene like the meteor fallen from the sky
a lovely spectacle and a point in favor of the celestial
mechanic's exactitude
A death that may raise the victim to the fifth power
       without condemning the executioner
after eighty-four years no one can maintain that
       Benjamin Franklin Pinkerton
Lieutenant of the gunboat Lincoln
is a wretch
He could have become one had his *real* appearance
       taken place in our times in Nagasaki
an absolute impossibility on two counts
Each age is a different gunboat
another navigation map
Only the opera is unaltered, defends its characters
       from changing perspectives
and pays those who play the parts at the going price of gold

The death of madame in the voice of Renata Tebaldi
justifies not only the faithlessness of Pinkerton:
faithlessness is the unknown quantity
which solves the equation of history
magnificently discovered by that very death

Plácido Domingo must cry out on entering the house of death
Butterfly . . . Butterfly
and of course he isn't out of tune.

*Los Que Van a Morir*

## EL APRENDIZ DEL ARTE DE MORIR

                       Para Hernán Valdés

El aprendiz del arte de morir debe olvidarse de todos los
                       muertos
si quiere mendigar, al acaso, los rudimentos de un oficio
que nadie enseña ni ha cifrado su saber
en un corpus de obras de dominio público
abundan los inexpresivos trozos de bravura
los agonizantes operáticos que abusan del efecto de la muerte
El Libro de los Muertos
las estaciones inolvidables de la Danza de la Muerte y las
                       Coplas
de Jorge Manrique
Toda una bibliografía de obras geniales de la antigüedad
judeocristiana plagada de un solo error
la otra vida
que volatiliza a la primera línea esos monumentos
no menos ni más memorables que las nubes
más le vale al aprendiz seguir por esas calles sin Dios a los
                       muertos vivos
a la vieja que removía la tierra al pie de un solo árbol, junto
                       al Hudson
todas las tardes y después de arar devolvía cada terrón a su
                       sitio
el mohicano desgreñado y rapado, que pasa horas de pie con
       la frente apoyada contra un muro de contención
en una arteria de Santiago
dignos de toda atención serían esos rituales
si el aprendiz estuviera iniciado en lo incomprensible
esa ciencia que nos falta
los gestos y la indumentaria de esos seres despiertan la
                       atención
se comportan como relojes de carne y hueso
como las estructuras de un poema con metro y rima

*Those Who Are Going To Die*

## APPRENTICE TO THE ART OF DYING

For Hernán Valdés

The apprentice to the art of dying has to forget about all the dead
if he wants to learn, perhaps, the basics of a trade
that none teaches nor has any mastered the craft
from a body of works in the public domain
abounding in inexpressive bits of bravery
the operatic dying who take undue advantage of death
The Book of the Dead
the unforgettable steps in the Dance of Death and the ballads
of Jorge Manrique
All a bibliography of brilliant works of Judeochristian
antiquity plagued by one mistake
the other life
that spirits away in the first line those monuments
no less nor no more memorable than clouds
the apprentice should instead follow the living dead through those
                              godless streets
the old woman who removed the earth at the foot of a single tree,
                              beside the Hudson
every evening and after tilling returned each clod to its place
the guy with messy hair in a mohican strip, who stands for hours
            leaning his forehead against a retaining wall
on a Santiago thoroughfare
those rituals would be worth the fullest attention
if training were begun with the incomprehensible
that knowledge we're missing
the gestures and the clothing of those arouse attention
they carry on like clocks of flesh and blood
like the structure of a poem with meter and rhyme

## Los Que Van a Morir

vaciado de las palabras
como un cubo de agua sucia
Hay una compostura letal en la forma en que los usuarios
       de pingajos inmundos cuidan de mantenerlos unidos
              con aguja e hilo
se puede decir que visten correctamente a condición de que
       esta palabra no signifique nada
Son actores moribundos que representan a unos cadáveres,
       sin bajarse del escenario
lugares estratégicos que elige el gran teatro del mundo para
       dar el espectáculo de su descomposición
a través de esas obras selectas admiten o convocan al público
a condición de que se hagan ver por los actores
fortuitamente
después de todo
Pero lo único recomendable para el aprendiz es que observe
       "su vida fuera de su vida"
Como lo que fue tantas veces. Un cuadro inerte simulando un
       paisaje
un fantasma de poca monta haciendole el gasto de una persona
en situaciones que no eran lo que parecían
Alguna vez un maniquí fue su mujer
y su amigo quien le cerró la puerta de su casa, arrojandole a la
       calle sus manuscritos
para los perros y el viento.

*Those Who Are Going To Die*

emptied of words
like a pail of dirty water
There is a lethal neatness to the way those in filthy rags take care
             to keep them together with needle and thread
it can be said that they dress correctly provided this word doesn't mean
                                a thing
They are dying actors who play the role of cadavers, without getting
                         down from the stage
strategic sets the world's grand theatre chooses for putting on the
                    spectacle of their rotting away
through those selected works they admit or summon the audience
on the condition they're seen by the actors
accidentally
after all
But the one recommendation for the apprentice is to observe "his life
                        outside of his life"
As it was so many times. An inert painting simulating a landscape
a worthless ghost pretending to be someone
in situations that weren't what they seemed
Once a mannequin was his wife
and his friend the one who closed to him the door of his house, throwing
                      his manuscripts into the street
for the dogs and the wind.

## LA CIUDAD DEL YO

La ciudad del yo debiera paralizarse
cuando entra en ella la muerte
Toda su actividad es nada ante la nada
Quiéranlo o no los agitados viajeros
que inútilmente siguen
entrando y saliendo de la ciudad
bajo la mano ahora
que convierte en sombras todo lo que toca
La mera inercia, sin embargo, despierta
en el gobernador una desahuciada esperanza
Ante la muerte se resiste a capitular
aunque tocado por ella es una sombra
pero una sombra de algo, aferrada
a la imitación de la vida.

*Those Who Are Going To Die*

## THE CITY OF THE I

The city of the I should be at a standstill
once death has come within
All its activity is nothing in the face of nothing
Whether they want to or not the agitated travelers
go on pointlessly
entering and leaving the city
beneath the hand that now
turns to shadows all it touches
The mere inertia, nevertheless, awakens
in the local authority a hopeless hope
Facing death he resists the giving in
even though touched by it he's a shadow
but a shadow of something, clinging
to the imitation of life.

*Los Que Van a Morir*

## LA MUERTE ES UN BUEN AMIGO COMÚN

La muerte es un buen amigo común
que te ha traído a mí con sencillez
cuento con la seguridad de tu compañía
y el regalo de tus cuidados
tanto o mejor que en los buenos tiempos
te despreocupa ya no ser la única
no por indiferencia sino por amor
que en personas como tú crece después de extenuarse
hasta ser nada más que un incansable
acto de generosidad

*Those Who Are Going To Die*

## DEATH IS A GOOD FRIEND WE SHARE IN COMMON

Death is a good friend we share in common
who has simply brought you to me
I rely on the certainty of your companionship
and the gift of your care
more or better than when times were good
you are unbothered now by not being the only one
not from indifference but out of love
which in those like you increases after having weakened
until it becomes no more than a tireless
act of generosity

*Los Que Van a Morir*

## QUIÉN DE TODOS EN MÍ ES EL QUE TANTO

¿Quién de todos en mí es el que tanto
teme a la muerte?
Unos lucharán valerosamente contra ella
Otros no le harán ningún asco, rindiéndose como gallinas
Habrá traidores que le iluminarán el camino
como si ella tuviera necesidad de luz
hasta el corazón tan negro como ella de la ciudad

Estará Hamlet que se sube a la cabeza
con mi cráneo de pobre Yorick en su mano enguantada
recitando las tonterías de siempre
De estos movimientos contradictorios puede esperarse la
                    tempestad, y, también, la calma
que mutuamente se anuncian
Pero esta rama seca que invade el bosque
esta réplica de la muerte hecha de palo
Supongámoslo un ciudadano de tercera llamada ego
tan diferente de lo que mejor conoce
pues la muerte es justamente el protoplasma de este hijo sin
                    madre
nacido de mi muslo
Esa mierda que nunca pude excretar
aferrado a mí como el nódulo al pulmón
cancerosamente diestro en la toma del poder
un charlatán que sólo puede hablar de lo que existe en lo que
                    habla
y contaminarlo todo de irrealidad
piedra angular de la pesadilla y del sueño
de las fantasías que enferman y de las ilusiones que matan
es él quien pone ante la pelada el grito en el cielo—
raso de la ciudad
y el temblor en todos nosotros, los encerrados a morir

*Those Who Are Going To Die*

# WHO OF ALL THOSE IN ME IS THE ONE

Who of all those in me is the one
fears death so much?
Some will struggle against it bravely
Others will not find it disgusting, giving in like chickens
There will be traitors who will illuminate the way
as if it had any need of light
including the heart's which is black as the city's

There will be Hamlet who climbs to my head
in his gloved hand my skull of poor Yorick
once more reciting the same old nonsense
From these contradictory movements the tempest can be
                            expected, and, also, the calm
which are mutually announced
But this dry branch that invades the woods
this replica of death made into a stick
Let's suppose it's a third-class citizen called ego
so different from what knows better
since death is precisely the protoplasm of this motherless son
born from my thigh
That shit that I could never excrete
stuck to me like the lump on the lung
cancerously astute in taking control
a charlatan only able to talk of what exists in what he says
and to contaminate it all with unreality
cornerstone of nightmare and dream
of the fantasies that sicken and the illusions that kill
it is he who in the face of death hits the ceiling—
ceiling of the city
and trembling in us all, the confined to die

*Los Que Van a Morir*

## BUEN DESPILFARRADOR

Serás el buen despilfarrador con tus horas contadas
no el inútil avaro que mezquina y recuenta
sus contadas, como si no fuera
a pagarlas todas y de golpe a su tiempo
No te adelantarás a tu muerte, viviéndola, aunque ella
       esté tan cerca a ti como el feto de su madre o la
       semilla de su fruto.
Ella es simplemente otro ser, y su conexión contigo una fisura
aunque lo alumbres y te pudras para que sea.

## THE GOOD SPENDTHRIFT

With your hours numbered you will be the good spendthrift
not the useless miser who measures and recounts
his portion, as if he wouldn't be made
to repay it all and all at once right on time
You will not get ahead of your death, living it, even though
> it be near to you as the fetus to its mother or the
> seed to its fruit.
It is simply another being, and its connection with you a rift
even though you give it birth and you rot that it may be.

## LA MANO ARTIFICIAL

Es una mano artificial la que trajo
papel y lápiz en el bolso del desahuciado
No va a escribir *Contra la muerte*, ni *El arte de morir*
¡felices escrituras! No va a firmar un decreto
de excepción que lo devuelva a la vida.
Mueve su mano ortopédica como un imbécil que jugara
con una piedra o un pedazo de palo
y el papel se llena de signos como un hueso de hormigas.

## THE ARTIFICIAL HAND

An artificial hand it is that brought
paper and pencil in the bag of the terminally ill
It's not going to write *Against Death*, nor *The Art of Dying*
fortunate writings! It's not going to sign a decree
making an exception that will return him to life.
His orthopedic hand moves like an idiot who would play
with a rock or a piece of wood
and the paper fills itself with signs like ants on a bone.

*Los Que Van a Morir*

## AUTOCINE

Se lee en pantalla: sólo para ti
La función empezaría siempre que te duermes
Si no fuera porque, a veces, felizmente la pierdes
Vienes al cine solo
como lo estás en la pantalla
tus encuentros en ella con la primera actriz
aunque fatales no agregan
su nombre a la falacia del reparto:
tú mismo haces todos los papeles.

Igual, será la última vez que trabajemos juntos
La angustia que te despierta tiene un aire de falsedad
Desistes de anotar en tu cuaderno de sueños
esa cosa de nada que llenaría cien páginas
el análisis para qué
una interpretación de rutina

*Those Who Are Going To Die*

## SELF-MADE CINEMA

On the screen it reads: just for you
The show would always start when you fall asleep
If it weren't because, at times, you happily miss it
You come to the movie alone
just as you are on the screen
Even though your meetings with the leading lady
are disastrous they don't add
her name to the deceitful cast of characters:
you yourself play all the parts.

Anyway, it will be the last time we will work together
The anguish that awakes you has to it a false air
You quit jotting down in your notebook of dreams
that thing of nothing that would fill a hundred pages
analysis for what
a routine interpretation

## LOS QUE VAN A MORIR PUEDEN NO ESPERAR

Los que van a morir pueden no esperar
que termine el horror de la historia
De los moribundos es el reino de la duda
la desesperanza y la convicción
Dudan que el monstruo doble la cerviz
desesperan del ovillo de Ariadna un camino tan irreal
y de la realidad del tal Teseo
Saben que el laberinto se desmoronará por sí solo
sobre la cabeza de un viejo minotauro incapaz ya de sostenerlo
con sus cuernos
inapetente ante la carne viva

Los que van a morir sospechan que otros horribles trabajadores
reconstruyen el laberinto un poco más allá
para los devoradores que vienen

## THOSE WHO ARE GOING TO DIE
## ARE ABLE NOT TO HOPE


Those who are going to die are able not to hope
that the horror of history will end
The dying belong to the kingdom of doubt
despair and conviction
They don't believe the monster will give in
they lose hope in Ariadne's thread so unreal a trail
and in the reality of any such Theseus
They know that the labyrinth will fall of its own accord
on the head of an old minotaur incapable of supporting it
with his horns
his appetite gone for living meat

Those who are going to die suspect that other dreadful
        workers
will reconstruct the labyrinth a little farther on
for the consumers yet to come

*Los Que Van a Morir*

## NADIE ESCRIBE DESDE EL MÁS ALLÁ

Nadie escribe desde el más allá
Las memorias de ultratumba son apócrifas
En la casa de la muerte sólo se encuentran agonizantes lectores
algunos vivos que curiosean allí, pero no muertos.
Aunque el libro tibetano de los muertos diga que se dirige a ellos
no hay lectores en el más allá, muertos que no guardan las formas
                                y la gravedad de la noche.
Sólo se recuerdan apariciones
fantasmas, más bien, fantasías, enfermedades de la memoria
Esos señores, en lugar de hablar, responden a la desesperación
de preguntas mediúmnicas sin interés.
Peor aún, suspenden mesas de tres patas para probar que existen.
Como invisibles pionetas
bajan un piano del quinto al cuarto piso.

Quiero saber qué son los muertos, si son
No lo que hacen ni lo que dicen de otros
no las pruebas de su existencia, si existen.

*Those Who Are Going To Die*

## NOBODY WRITES FROM THE OTHER SIDE

Nobody writes from the other side
Memoirs from beyond the grave are apocryphal
Only dying readers are found in the house of death
a few living wander around, but no dead.
Even though the Tibetan book of the dead says it is addressed to those
there are no readers in the other world, dead who may not preserve
                              the forms and gravity of the night.
Only ghostly apparitions
are recalled, or better, fantasies, memory's illnesses
Those gents, instead of talking, reply disinterestedly
to desperate questions from a little medium.
Even worse, to prove they exist they levitate three-legged tables.
Like invisible movers
they lower a piano to the fourth floor from the fifth.

I want to know what are the dead, if they are
Not what they do nor what they say of others
not the proofs of their existence, if they exist.

*Los Que Van a Morir*

## QUÉ OTRA COSA SE PEUDE DECIR DE LA MUERTE

Qué otra cosa se puede decir de la muerte
que sea desde ella, no sobre ella
Es una cosa sorda, muda y ciega
La antropomorfizamos en el temor de que no sea un sujeto
sino la tercera persona, no persona, "él" o "ella"

La mujer reemplazada en Klinger por una estatua yacente
sarcásticamente maternal, sobre cuyo pecho plano como una
                              lápida, yo, el bebé
mezcla de sapo y ángel, miro a los espectadores con terror
nunca los mismos, siempre ausentes
como en un teatro
donde se representa una obra congelada

## WHAT ELSE CAN BE SAID OF DEATH

What else can be said of death
that would be of it, not about it
It's something deaf, mute, and blind
We anthropomorphize it from fear that it may not be a subject
but the third person, no person, "he" or "she"

The woman replaced in Klinger by a reposing statue
sarcastically maternal, on whose flat chest like a slab, I, the baby
mixture of frog and angel, watch the spectators with terror
never the same ones, always absent
as in a theatre
that puts on a frozen play

*Los Que Van a Morir*

## ANIMITA DE ÉXITO

Me ha convertido en una animita de éxito
entre los camioneros y sus familias
Una casita de la muerte iluminada a vela, piadosamente; a
                diario con flores frescas a sus pies
Me he convertido en un actor que va a morir, pero de verdad,
                en el último acto
en un afamado equilibrista sin red que baila noche a noche
                sobre la cuerda floja
El teléfono suena constantemente en mi camarín.
No me pueden llamar para derogar mi aparición en escena
lo hacen sólo para pedirme que les reserve entradas aunque sea
                para el tercer acto
Tinguirinea gente cercana a mi corazón ahora vacío pero no
           indiferente y gente que estuvo a miles de kilómetros
                      de él
estos últimos para reconciliarse con Jesús, su paralítico, a pito
                de mí
para obtener la absolución en el último momento
*Par délicatesse* voy a perder con lo que me queda de vida
la alegría de morir, recibiendo a esos jetones

La muerte es un éxito de público
Basta con doce personas
No quiero a nadie más en la platea

*Those Who Are Going To Die*

## CHARMED ROADSIDE MEMORIAL

It has turned me into a charmed roadside memorial
among the truckers and their families
A little house of death candlelit with piety; fresh flowers daily
                              at its feet
I have turned myself into an actor who is going to die, but
                              actually, in the final scene
into a famous acrobat with no safety net who dances on the
                              tightrope from night to night
The telephone rings constantly in my dressing room.
They can't call me to cancel my stage appearance
they do it just to beg me to save them tickets if it's only
                              for act three
People mill about dear to my now empty but not indifferent heart
       and those who are thousands of miles from it
these latter out to get right with Jesus, their paralytic, using me
to receive absolution at the very last minute
Out of politeness I am going to waste with the little life left to me
the happiness of dying, entertaining losers like those

Death is a big attraction
for me a dozen persons are enough
I don't want any more to attend